商品企画

デジタル時代の基礎知識

【「インサイト」で多様化するニーズに届ける新しいルール】

富永 朋信
Tomonobu Tominaga

MarkeZine BOOKS

SHOEISHA

はじめに

本書では、

- 今日から商品企画を担当することになった
- 自己流で商品企画を行ってきた

といった方に、商品企画についての知識と考察力を身につける方法をお伝えしていきます。

商品企画は、それまでなかったモノやサービスをつくり、世の中に問う仕事です。

自分の商品が小売店の棚に並んでいるのをみたとき、そしてお客さまがそれを手にとってくれたときの嬉しさは、格別です。皆さんはそんな喜びへの第一歩を踏み出しました。

◉ 企画の全体像をつかむ

しかし、「いざやろう！」という段階になると、あなたは途方にくれてしまうでしょう。経験がなければ、例えば、前任者から引き継いだ資料をみてもよくわからなくて当然です。

もしこれが料理ならば、レシピ本をみたり、検索をしたりしてつくり方を知ることができます。そうすれば初心者であってもどうにか一皿つくれるでしょう。

つまり、経験や知識がない状態では、まずは料理のレシピのようなやり方を獲得することが有用です。それにより、工程全体やそれぞれの作業のイメージが得られます。

ですので、本書では商品企画のやり方、例えばプロセス、ツール、フレームワークなどを多数紹介しています。

どうか皆さん、これらを活用し、商品企画とはどういう仕事なのかという全体像をつかんでください。

◉ マニュアルだけでは、売れる企画はできない！

ところで、料理と商品企画には、全く違う点があります。

料理は出来上がりのイメージがあるため、レシピのようなマニュアルを忠実になぞる作業により再現ができます。

一方、商品企画は「何をつくるか」というアイデアづくりからやらなければなりません。したがって、売れる商品企画のレシピというのは存在しません。あるのは「こうやればアイデアが得られやすい」というような定石やコツです。これが、料理と商品企画の決定的な違いです。

商品企画において大切なのは、定石やコツといった知識よりも、考え方です。

やり方や段取りだけを学んで忠実に再現しても、よい商品はできません。みなさんには、本書の内容すら疑ってほしいのです。

どうか、状況にあわせて考えられる人になってください。

◉ 一流の企画者は、全体をみている！

料理家と同じように、企画者も回数を重ねれば、上達した実感が湧き、あたかも専門家になったように思えてきます。

しかし、それは錯覚です。

例えば、料理界で活躍するシェフと一般の料理人では、食材に関する知識や、工程の理解、原価管理、そして料理全体に関する理解が違います。一流のレベルに近づきたければ、単に回数を重ねるだけではなく、もっと体系的に包括的に学ぶ必要があるのです。成長を止めないように、本書で紹介する内容を血肉にして頂きたいと思います。

商品企画は胸おどる仕事です。では、その世界へ足を進めていきましょう。

CONTENTS 目次

はじめに ………………………………………………………………… 002

> INTRODUCTION
デジタル時代の商品企画 ………………………… 013

01 [企画立案①]
インサイトでヒットを打つ ………………………………… 014

02 [企画立案②]
革新的なイノベーション型と堅実なインサイト型 …………… 016

03 [理由を探る]
5つの質問でインサイトを探る ………………………… 018

04 [購買決定プロセス]
デジタル時代に企画者が気をつけること ………………… 020

05 [プラットフォームの変化]
デジタル商品の企画者に求められること ………………………… 026

COLUMN 社内に埋もれた技術に救われた事例 ………………… 028

COLUMN Web動画広告の長さとフォーマット ………………… 029

> CHAPTER 1

企画の基本 031

01 ［消費者心理］
「モノが売れる」とはどういうこと？ 032

02 ［消費者心理］
「あ、これ欲しい」と思わせるには？ 034

03 ［差別化する］
ほかの商品にない魅力を打ち出す 038

04 ［直感の重要性］
「あ、これいい」になっているか？ 044

05 ［商品をつくる流れ］
何を企画するか考える 046

06 ［市場性の確認］
アイデアを実現可能な企画にする 050

07 ［デジタルの商品・サービスをつくる流れ］
デジタル商品は、ペルソナの設定からはじめる 056

COLUMN 損切りする勇気 058

> CHAPTER 2
情報収集・調査でインサイトを探る ……059

01 [ターゲット設定]
３パターンのターゲットを考える ……………………………… 060

02 [前提条件の確認]
企画は５つの制限の中で考える ………………………………… 066

03 [調査の目的]
調査で企画の精度をあげる ……………………………………… 068

04 [ユーザー調査①]
ターゲットを調査する …………………………………………… 070

05 [グループインタビュー、デプスインタビュー]
購買理由を調査する ……………………………………………… 076

06 [自社商品と他社商品の比較]
ターゲットに感情移入し、差別化を図る ……………………… 078

07 [ユーザー調査②]
店頭での観察により、ターゲット像を磨く …………………… 082

08 [データによる企画立案]
リテーラーと協業する …………………………………………… 086

09 [SNSの観察]
SNSから消費者の声を探る ……………………………………… 090

10 ［調査結果の整理］

調査の結果をインサイトに変換する方法 ……………………………… 094

11 ［アイデアづくり］

タネを組み合わせてアイデアをつくる …………………………………… 096

12 ［ユーザー調査③］

利用環境の観察により、ターゲット像を磨く ………………………… 100

COLUMN データ分析の思い込み …………………………………………………… 104

> CHAPTER 3
アイデアを企画に変換する ········· 105

01 [ターゲットの見直し]
ターゲットから差別化を図る ········· 106

02 [競合の見直し]
自社商品と競合商品を比較する ········· 108

03 [コンセプト]
コンセプトで刺さる企画にする ········· 112

04 [バリュープロポジション]
商品の価値を整理する ········· 120

05 [ネーミング]
コンセプトから、名前を考える ········· 124

06 [ブランド構築①]
消費者の心に残したいイメージを考える ········· 126

07 [ブランド構築②]
時代にあわせてブランドを修正する ········· 128

08 [カスタマーデシジョンツリー]
企画内容を購買プロセスにあてはめてみる ········· 130

09 [PSM分析]
インパクト予測から、価格を考える ········· 136

`COLUMN` 差別化と現状維持 ········· 142

> CHAPTER 4

テストマーケティングをする ……………………… 143

01 ［テストマーケティングの必要性］
新商品のニーズの有無を探る …………………………………………… 144

02 ［試作品の作成］
開発チームを巻き込む …………………………………………………… 148

03 ［テストマーケティングの実行］
消費者の反応から、改善する …………………………………………… 154

04 ［プレトタイピング］
試作品がなくてもできるテスト方法 ………………………………… 156

COLUMN ABテストの本当の価値 …………………………………………… 160

> CHAPTER 5
販売から企画戦略を考える ……………………… 163

01 [価格設定]
行動経済学から考える「価格戦略」…………………………… 164

02 [マーケティング施策]
よい売り場を確保する「流通戦略」…………………………… 170

03 [陳列]
消費者の目にとめる「カテゴリー戦略」……………………… 174

04 [販促提案]
販売店と手を組む「営業プロセス戦略」……………………… 178

05 [パッケージ]
店頭で差をつける「販売戦略」………………………………… 180

> CHAPTER 6
発売後の検証と修正のサイクルをつくる …183

01 [競合の観察]
発売後の競合の動きを予測する ……………………………………………… 184

02 [発売後の分析]
評価される軸の変化を捉える ……………………………………………… 190

03 [競合の値下げ]
価格競争に勝つには？ ……………………………………………… 194

04 [ターゲットの修正]
ターゲットの見直しでロングセラー商品をつくる ……………………… 198

05 [オンライン販売の増進]
恒常的に自社サイトを改善する ……………………………………… 202

06 [購買分析]
リアルとデジタルを組み合わせる ……………………………………… 204

おわりに ……………………………………………………………………………… 206

用語集 …………………………………………………………………………………… 207

索引 ………………………………………………………………………………………… 212

著者紹介 ………………………………………………………………………………… 215

INTRODUCTION

デジタル時代の
商品企画

01 インサイトでヒットを打つ

02 革新的なイノベーション型と
　　　堅実なインサイト型

03 5つの質問でインサイトを探る

04 デジタル時代に企画者が気をつけること

05 デジタル商品の企画者に求められること

> INTRODUCTION　デジタル時代の商品企画

No.
01　［企画立案①］
インサイトでヒットを打つ

　商品企画といっても、既存商品の改良もあれば、新しい商品をいちから企画することもあります。ただいずれにしても、消費者に「あ、これ欲しい！」と感じてもらえる商品を企画する必要があるのです。

● 消費者が欲しいものは？

　機能スペックをとにかく上げた商品は、便利になるでしょうか？

　例えば、テレビに耐熱性能が付加されたら、どう感じますか？ テレビに熱源が近づく可能性もゼロではないですが、ピンときませんよね？

　それよりは、画質や音質の向上や録画機能などでコンテンツをキレイに確実にみられることのほうが、番組の鑑賞というテレビ本来の機能に直結するので、すっきり腹落ちします。

　このように、消費者の評価軸に関係のない機能を改善しても、商品の便利さが向上したことにはならないのです（図1）。

● 売れる企画を考えるには？

　企画者は、消費者にとっての便利さを探る必要があります。

　JR東日本の電子マネーSuicaは以前、JR以外の地下鉄・私鉄に乗り換える際は改札を通らないと、降りるときに逐一精算する必要がありました。その後、地下鉄・私鉄の電子マネーPASMOとの相互利用を可能にし、この手間がゼロになり、両社の利用者が増加しました。

　消費者は、便利そうだと感じるとその商品を利用したくなります。企画者は、消費者にとっての購買の理由になるインサイトから商品の機能を考える必要があるのです。

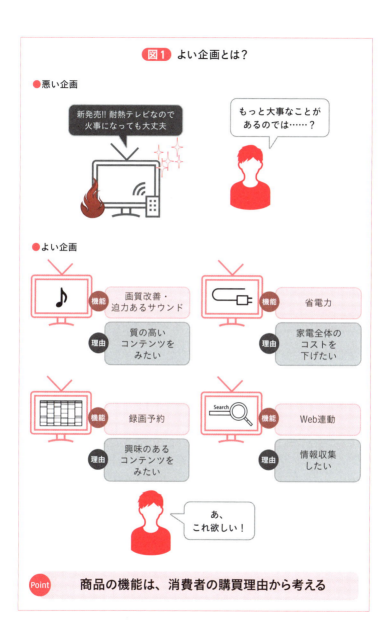

> INTRODUCTION　デジタル時代の商品企画

No.
02

［企画立案②］
革新的なイノベーション型と堅実なインサイト型

　企画の立て方には、大きく分けて「イノベーション型」と「インサイト型」の2つの種類があります（図2）。

　ソニーのウォークマンや、テスラ・モーターズの電気自動車は、まさに世の中にないものをつくりだした革命的なイノベーション型の商品企画の成功事例といえます。

　しかし、このようなアイデアにはそうそう巡り会えませんし、一般的に大きな投資が必要です。施策が上手くいかなかったとき、その規模の予測が困難なので、大きな損失を被るリスクがあります。

● 高確率でヒットを生むのはインサイト型

　企画者として、ヒット企画を高確率で生み出すには、消費者の「欲しい」理由と評価軸から商品をつくりだすインサイト型が向いているのです。

　例えばマクドナルドは、既存商品に手を加えた新商品で売上を伸ばし、顧客の囲い込みに成功しました。

　例としては、消費者から名前を公募する、消費者に好きな商品への投票を促す、既存のダブルチーズバーガーの具材に手を加えたダブルビーフダブルチーズバーガーなどの企画が挙げられます。このうち公募や投票の企画をみてみると、これらは「メニューの企画や選定に関与してみたい」という消費者のインサイトをもとにしていると思われ、まさにインサイト型の商品企画の成功事例だといえます。

　特に、企画立て初心者の方は、大きなリスクを背負うことのない、堅実なインサイトによる企画の立て方を身につけておきましょう。

図2 イノベーション型とインサイト型の違い

 イノベーション型 ……世の中にないものをつくりだす

- 消費者からアイデアはでない
- 調査で需要がわかりづらい

↓

あたれば大きい一方で、
企画者のセンス頼みのギャンブル商品に
なりがち

 インサイト型 ……消費者の「欲しい」理由と
　　　　　　　　　 評価軸から商品をつくりだす

- 調査で根拠を得やすい
- 調査で需要の予測ができる

↓

誰でもリスクの少ない企画が立てられる

 安定してヒットを生み出せるのは、インサイト型

> INTRODUCTION　デジタル時代の商品企画

No.
03

［理由を探る］
5つの質問で
インサイトを探る

　商品がもつ多数の要素や属性の中で、消費者が何を評価しているのかを見極めることが大切です。

　そのためには、次のような5つの問いが商品企画の成否を分ける鍵だといえます。

「（消費者にとってその商品の）どの機能が便利なのか？」
「その機能はなぜ便利なのか？」
「不便に感じることはないか？」
「なぜ不便なのか？」
「商品にどのような感覚で接しているか？」

　企画者には、このような視点で様々な消費のシーンを観察し、消費者の心理に肉薄していく作業が必要なのです。こうした作業の結果で得られるのが、消費の理由＝インサイトです。

　例えば、スマホについて図3のように質問を重ねていくと、消費者にとってスマホがどのような存在であるかがわかります。その示唆に沿ってどのような機能を備えているべきかということを考えていくのです。

　本書ではどのようにインサイトにアプローチし、それを商品企画に活かすかを考えていきたいと思います。

> INTRODUCTION　デジタル時代の商品企画

No.
04

［購買決定プロセス］

デジタル時代に
企画者が気をつけること

　以前はリアル店舗で購入するのが普通で、AIDMA という消費者行動モデルが提唱されていました。しかし、近年ではネットショップで購入する人や SNS などで商品の検索やシェアをする人が増えました。それに伴い、消費者行動モデルも AISAS、SIPS、DECAX といったものが追加提唱されています（図4）。

● デジタルの変化で企画者が気をつけること

　このような消費者が購買に至るまでのプロセスの変化により、インサイト起点の商品企画で、大きく変わることが2つあります。

1. インサイトを取得するチャネルの多様化
2. 企画した商品の販促設計

　基本的にインサイトを取得する方法は、観察とその内容の一般化です。近年、消費者がインターネット上のブログやニュース、SNS など様々なサービスで情報収集や購買をするため、リアルな店舗や限られた情報収集手段しかなかった時代と比較して、企画者にとっての観察機会も増えることになります。

　また、インターネット上では、データによる行動観察ができます。そのため、量的な処理を伴う理論化を非常に効率的に行うことができるというメリットもあります。例えば消費者が自社商品にアクセスするまでの検索キーワードが定量的にわかれば、自社商品のどういう要素がなぜ支持されているかを効率的に考えることができます。

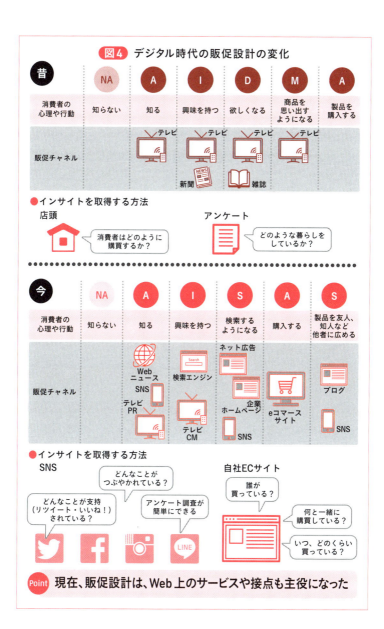

> INTRODUCTION　デジタル時代の商品企画

⊙ 企画した商品の販促設計

　企画者は、企画した商品の販促設計にも力を入れなくてはなりません。せっかく発売した商品のニュースが消費者に届かなければ、大変もったいないですよね。

　「テレビCMが効かなくなってきた」という言い方に代表されるように、新メディアが登場するたびに各社がとるべき販促施策も変化します（図5）。

　きちんと販促にかかわる変化を押さえる必要があるのです。

⊙ メディアの選択肢が増える

　まず、単純にメディアの種類が増加し、消費者の選択肢が増えます。それとともに、1つひとつへの注意・関心・利用時間は相対的に低減します。

⊙ メディアの役割が変化する

　次に新メディアの登場により、既存メディアが担っていた役割が変化するということがあります。

　例えばテレビがなかった時代は、ラジオ広告が新商品の認知形成の主役でした。しかしテレビが登場して普及すると、ラジオの地位はたちまちテレビに奪われ、ドライブ中のメディア、家庭やオフィスなどでのBGM的なメディアに位置付けを変え、役割は限定的になりました。

　その後インターネットが登場すると、誰でも情報発信が手軽に広くできるようになるので、多様な主張に消費者が触れることになります。テレビの情報源としての信頼性と重要性が相対的に低下しました。これに伴い、テレビ広告が持っていた認知形成の役割は、PRや口コミ、SNSなどに譲られつつあります。

> INTRODUCTION　デジタル時代の商品企画

　このような変化をきちんと押さえ、どのメディアでどのマーケティング施策を展開するかを考慮し、最適な販促を実施できるようにしましょう。

● 変わらないもの

　反対に、全く変わらないものもあります（図6）。
　それは、人間そのものです。

「人間はどんな状況になると、何かを欲しいと思うのか」
「人間はどのような働きかけをされると、背中を押されるのか」

　こういったことは、インターネットや携帯ツールが普及しても人間の脳や心の構造が変わらない限り変化しません。

　企画者はこれらの変わるものと変わらないものを理解し、その時代の情報の流れ、変化するメディアの種類と期待できる効果にあった商品企画と販促の設計を実行しなければなりません。

図6 時代によって変わらないこと

変わらないこと

- 人が何かを欲しいと思う状況
- 購買意欲をかき立てられる働きかけ

マズローの5段階欲求

三大欲求

人の動機と欲求は、基本的に変わらない！

Point 時代によって変わるものと変わらないものを理解し、商品企画と販促の設計をする

> INTRODUCTION　デジタル時代の商品企画

No.
05
［プラットフォームの変化］
デジタル商品の企画者に求められること

　デジタルにかかわる商品やサービスを企画する場合、プラットフォームの変化や衰退に気をつけなければなりません（図7）。それは、インターネットという大きな土台の上に、FacebookやTwitterなどのサービスや、iPhoneなどの機器が絡み合った複雑な構造だからです。

　例えば、ガラケーが主流の頃には、NTTドコモの「iモード」などのキャリアが提供するWebサービスを使うのが普通でした。しかし、iPhoneの参入により、iモードを想定したWebサービスは衰退しました（図8）。デジタルでは、アナログよりもダイナミックな変化が短時間のうちに発生するのです。

　また、アナログ上では地理的な区分により発生しにくかった顧客の争奪も、デジタル上では容易に発生します。

　このような変化の多いデジタル市場で商品企画をする方には、次のことは、必ず守ってほしいと思います。

- 販売場所や決済方法など、ビジネスの核となる部分を単一のサービスやプラットフォームのみに依存することを避けること
- テクノロジーの動向を注視し、次にどのようなサービスやプラットフォームが流れに乗りそうかという時流を見極めること
- 市場の変化のスピードを理解し、企画を俊敏に実施すること

　プラットフォームの変化に目配りを忘れないことが、これからの企画者には求められるといえるでしょう。

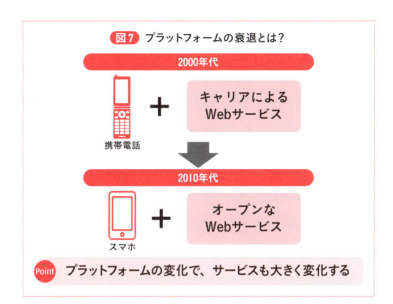

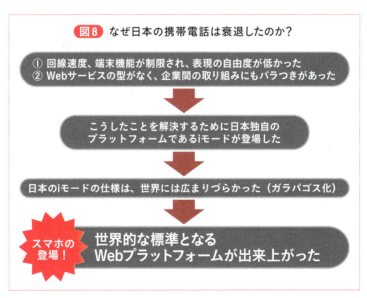

> INTRODUCTION　デジタル時代の商品企画

`COLUMN`　社内に埋もれた技術に救われた事例

　いちから商品を企画すると、市場参入するタイミングではすでに競合に大きく差がつけられてしまう場合もあります。序章2項のマクドナルドの事例のように、既存商品に手を入れることも考えてみてください。

　筆者は1990年代、米国企業イーストマン・コダックに勤務し、医療用フィルムの部門でマーケティングを担当していました。当時のコダックは世界一のフィルムメーカーといわれており、富士写真フイルム（現：富士フイルム）と競争を重ねていました。

　いわゆるレントゲン写真の患者被曝低減のための感度向上、クッキリとした画像にするための鮮鋭度、ノイズやザラつきを低減するための粒状性という3つの性能で競っていました。

　あるとき、富士写真フイルムが、この3つを兼ね備え、とりわけ粒状性に優れた胸部撮影専用のフィルムシステムを開発し、急速に市場シェアを拡大しました。

　この攻勢にコダックは新製品投入の必要がありましたが、通常の商品設計からはじめると、参入が非常に遅れてしまいます。

　そこで、まず自社の医療用フィルムの中から粒状性に優れたものがないかを、日米で協力して探しました。すると米国内の小児用フィルムが条件に合致していることがわかり、流用することができました。その結果、何もない状態からの企画と比べ、はるかに短い時間で新製品の投入が達成されたのです。その一件以降、コダックでは事業部門の壁を越え、既存技術の活用によってスピーディに競争力のある新製品を投入していきました。もし応用可能な過去の企画があれば、使わない手はありません。

COLUMN **Web動画広告の長さとフォーマット**

　プラットフォーム上で展開する広告コミュニケーションのかたちに関する話をしたいと思います。

　以前は、テレビCM用に制作した15秒や30秒の動画をそのままWeb動画広告に流用しているケースがよくみられました。しかし現在のWeb動画広告では、6秒のフォーマットが主流になっているようです。

　なぜWeb動画広告では6秒が受け入れられたのでしょうか？

　それは、消費者がテレビとPC・携帯電話に対してかなり違った態度で接触しているからです。

　特にWebはテレビのように1時間や30分で番組をつくるという制約がないので、消費者の時間的な感覚がかなり異なります。

　消費者の接触の仕方に差異がある2つのプラットフォームで、同じ広告フォーマットが受け入れられないのは当然です。

　では、6秒のWeb動画広告は、Webでの標準になっていくのでしょうか？

　6秒のWeb動画広告が登場したての頃は、それまでの主流であった15秒のテレビCMと比べて圧倒的に短いというインパクトがありました。

　しかし最近では、視聴者がその短さに慣れつつあり、せっかく確立しつつあるフォーマットが衰退していくのではないかと心配です。

　実は、テレビCMの15秒フォーマットには、テレビをつけた瞬

> INTRODUCTION　デジタル時代の商品企画

間に番組かCMかを判別できるような表現の作法、プロットの形式などがあるのです。これは、広告主、制作側である広告代理店、メディア側であるテレビ局、そして視聴者の間で時間をかけて開発され、「テレビCMとはこういうものである」という暗黙の了解が成立しているわけです。

　こう考えてみると、Webの動画広告に欠けているのは、コミュニケーションフォーマットの礎となるような関係者間の暗黙の了解なのかもしれません。暗黙の了解は音と映像の組み方だったり、メディアによる考査であったりするのではないかと思います。そしてフォーマットづくりを積極的に広告主や製作者と行っていけるWebサービス業者が、良質のメディアとして淘汰されないで生き続けていられるのでしょう。

　企画者としては、このように、Web広告の全体的な変化を俯瞰してみることが重要です。

　Webの動画広告を実際に使用する際は、どのようなコミュニケーションフォーマットを使えば十分に消費者の注目を集められるかを検証しながら行っていきましょう。

CHAPTER

1

企画の基本

01 「モノが売れる」とはどういうこと?

02 「あ、これ欲しい」と思わせるには?

03 ほかの商品にない魅力を打ち出す

04 「あ、これいい」になっているか?

05 何を企画するか考える

06 アイデアを実現可能な企画にする

07 デジタル商品は、ペルソナの設定からはじめる

> CHAPTER 1　企画の基本

No.

01

［消費者心理］

「モノが売れる」とは
どういうこと?

　あなたは今、喉から手がでるほど欲しいものがありますか?
筆者は特にありません。これは筆者が特別に満たされているからで
はなく、一般的にそのような人が多いのではないかと感じます。

● もはやニーズなどない

　「喉から手がでるほど欲しい」という感覚は、次の2点が重なって
発生します。

1.「あ、これ欲しい」という衝動
2.「簡単には手に入らない」という障害

　気に入った商品が、予算オーバーで、しかも残り1つだったときの
心境を考えてみてください。喉から手がでるほど欲しい感じがしま
せんか? 欲しいという衝動と、価格・在庫というダブルの障害が、あ
なたにそう感じさせているのです。
　しかし、現代は代替商品があふれ、クレジットなどの決済方法や物
流も進歩し、欲しいときに欲しいものが簡単に手に入ります。意図的
ではない限り、在庫や供給が需要を満たさず、「簡単には手に入らな
い」という状況にはならないでしょう（図1）。例えば、平成のキッチ
ン三種の神器（食器洗浄器、IHクッキングヒーター、生ごみ処理機）
は、概念の定着も商品の普及も今ひとつです。
　ただし、そんな時代にも消費者が「あ、これ欲しい!」と思う商品は
必ずありますし、そういった商品がより強く求められています。

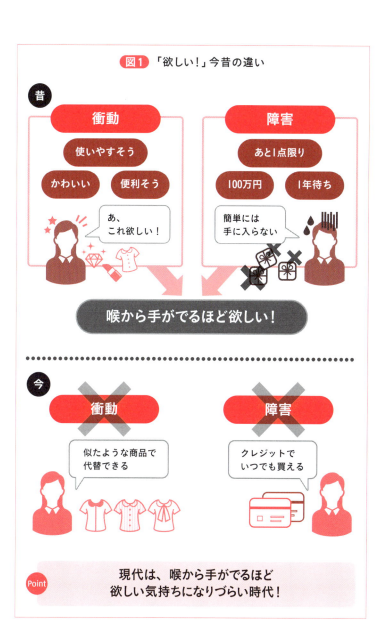

> CHAPTER 1　企画の基本

No.
02 ［消費者心理］
「あ、これ欲しい」と
思わせるには？

　新しいニーズを探ることが難しいからこそ、企画者は今一度「あ、これ欲しい」という衝動について、理解する必要があります。衝動は、図2の4種類に分けて考えましょう。

　1の便利さは、「より小さく」「より軽く」「より速く」など、**商品の機能と強く結び付いている衝動**です。また、「ある課題を解決するのに思いもよらない方法を提供する」というのも便利さの提供ということになるでしょう。

　2は、「より美しく」「より美味しく」「よりよい香りの」などといったかたちで、**五感に訴えかける衝動**です。「シンプルな」とか「より直感的に操作できる」といった商品もこの知覚品質の守備範囲でしょう。

　また、誰でも「なんとなく欲しくなった」という衝動から、ものを買ったことが一度はあるでしょう。これも「可愛い！」とか「イケてる！」といった感情とともに発生するものです。そのため、本書では2の一部と位置付けていきます。

　3は、**何かしらの集団に属したいという衝動**です。自己紹介するときに出身地、出身校、所属する企業、コミュニティなど何かしらの集団への所属で自分を表現するでしょう。これは帰属への衝動から起こることです。

　4は、自分が持ち合わせていないスキルや属性などを自分に付与して、**理想像に近づきたいという衝動**です。

034

図2 購買に結び付く4つの衝動

- **4. 自己強化への衝動** — 理想の自分になりたい
- **3. 帰属への衝動** — 集団に属したい
- **2. 知覚品質への衝動** — 味、香り、センスなどがよいものがほしい
- **1. 便利さへの衝動** — 役に立つものがほしい

上位の衝動は下位の衝動が満たされるとでてくる

●各社の商品による衝動（例）

4つの衝動	商品例	消費者の心理例
1. 便利さへの衝動	スマホ+電子マネー	「財布をもたなくてOK！」「お釣りがでないので楽！」
2. 知覚品質への衝動	ソニックケア	「手で磨くよりも、明らかに歯がつるつるになる！」
3. 帰属への衝動	ロレックス	「ロレックスを所有すれば、アッパーミドルの仲間入りができる」
4. 自己強化への衝動	ボルボ	「私は、家族の安全にケアするよい人だ」

Point
この4つの衝動により、「あ、これ欲しい！」という購買行動へつながる

> CHAPTER 1　企画の基本

● ブランドを取り込んで欲求を満たす

　「集団に属したい（帰属への衝動）」と「理想の自分になりたい（自己強化への衝動）」という気持ちは、マズローの欲求5段階説における精神的欲求です。

　簡単にいえば、これらを満たすにはブランド構築が必要だということです。

　例えばブランドもののバッグや化粧品は、そのユーザーに「私はそのブランドを所有できる社会的階級に所属している（帰属）」「私はそのブランドの商品を使用するようなおしゃれな集団の1人である（帰属）」「この化粧品をつけていると、私は自由に、大胆になれる（自己強化）」といった効果を与えます。これはバッグや化粧品の機能・品質によるものではなく、ブランドによる効果です。

　その効果を得るためには、商品のみならず、商品発送などの物流や接客内容といったポイントもブランドにあわせて改善し、戦略とあわせたイメージを構築する必要があります。

　このように、ブランドで強い差別化を図ることもできますが、継続したマーケティング投資が必要で、効果を得られるまでに時間がかかるのです。そのため、本書ではその手前の機能・品質を中心に議論を進めていきます。

● 売れる企画とは？

　ニーズが出揃ったようにみえる現代でも活躍している企画者は、特に機能・品質で売れる商品を考えることにたけています。消費者の「便利さへの衝動」と「知覚品質への衝動」を探るのです。

　いかに新しい便利さや知覚品質を発見し、ユーザーの欲しい気持ちに訴えかけるかという企画の本質を見失わないようにしてください。

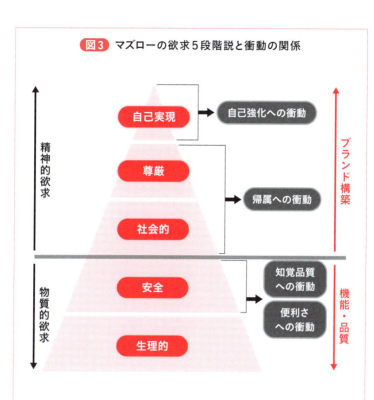

図3 マズローの欲求5段階説と衝動の関係

	「役に立つものが欲しい」 （便利さへの衝動）	「センスがよいものが欲しい」 （知覚品質への衝動）
成功実例	ヒートテック（保温機能）、トクホ飲料（脂肪の吸収を妨げる機能）など	主観的な評価にもとづく衝動なので一般化は難しいが、例えばMUJIなど

**Point　まずは、商品の機能・品質で解決できる
物質的欲求を満たす企画を考えよう**

> CHAPTER 1　企画の基本

No.

03

［差別化する］

ほかの商品にない魅力を打ち出す

　あなたが買った商品は、ほかの商品では代えが利かないものでしょうか？

　「代替が利くか」を考えることは、企画する商品のどのような仕様や機能で差別化するのかを考えるときに役立ちます。「どのような商品設計なら、競合商品に代替されないのか」という観点で企画を進めるとよいということです。もう少し掘り下げて考えてみましょう。

●1. 無条件に代替が利くので、企画要素がないもの

　例えばネジの購買を考えてみましょう（図4）。

　ネジを選ぶとき、大きさなどの規格があっていて、耐久性があったら、その他の要素は商品の選定に影響を与えないでしょう。つまり、棚に並んでいるうちのどの商品を選んでもさして問題ありません。

　代替性が高いタイプの商品は、価値付加や差別化がしにくく、企画という要素が介入しにくいといえます。

●2. 必要条件によっては代替が利きづらく、企画要素があるもの

　次に乾電池の購買を考えてみましょう（図5）。

　乾電池もネジと同じように必要条件とでもいうべき規格があり（電圧、サイズ）、基本的に規格を満たしている商品であれば、代替可能です。しかし乾電池はネジとは違い、電圧の安定性や寿命といった消費者が獲得できる機能面で商品に差が生じます。

　したがって、より長く使える、より安定して使える、あるいは再利用できるといった付加価値で、新しい商品企画が成立します。

038

> CHAPTER 1　企画の基本

◉ 3．購買動機により複数の条件がある場合、企画要素が大きい

　次は企画する要素の大きい商品であるアイスで考えてみましょう（図6）。
例えば、親が子どもにアイスを買う場面では「うちの子が好きなストロベリー味で、特売になっているこれにしよう」などと決めます。この選択の決め手は、ストロベリー味という機能と特売価格です。なので、ストロベリー味で特売の商品は、代替候補になれます。

　これが健康に関心の高い親だった場合、味の次に重視するのは価格ではなく無添加であることかもしれません。この場合、無添加という機能が必須条件になり、無添加でないと選択肢にすら入れません。

　親が自分用に購入する場合は、さらに細かい味の好みがでてくるでしょう。甘みや乳脂肪分、香りなど様々なことが選択に影響します。代替候補に入るには、複数の条件で差別化する必要がありそうです。

◉ 4．基本的に代替できないブランドを企画したもの

　宝飾品やバッグなどラグジュアリー商品は、機能よりも総合的なイメージ、つまりブランドが決め手になるケースが多いです（図7）。

　ブランドがもつイメージを自分に投影したり、そのブランドユーザー同士のコミュニティに所属したりするために購入するのです。

　この場合は、そのブランド固有のイメージが選択の決め手になっているので、代替品は基本的にありません。

　ただし、ブランドをつくるまでには、販売チャネルや価格などの一貫したコントロールが必要なので、時間も労力もかかります。

◉ 代替されやすい商品の企画者はどうする？

　ちなみに、ネジのような代替されやすい商品の企画者は、どうすれ

> CHAPTER 1　企画の基本

ばよいかというと、３つの方向性が考えられます（図8）。

① PRや広告を通してブランドを構築し、「ネジといえばＡ社のブランド」という結び付きを消費者の中につくってしまう
② コストダウンする
　（ア）価格を下げ、販売量と売上をとりにいく
　（イ）価格を維持し、利益を確保する
③ イノベーションにより差別化を図る
　（例：耐久性が高い素材を開発するなど）

　このうち①ブランド構築と③イノベーションによる差別化には大きな投資が必要なので、現実的な打ち手としては②コストダウンが選ばれることが多いのではないかと思います。
　もし企画者がそれを潔しとしないのであれば、投資を極力抑えたかたちでブランドをつくることもできます。具体的にはSNSでネジのユーザー層に向けて発信を続けるようなことです。
　この手法だとブランド構築にはより時間がかかりますが、年単位の期間を想定できるのであれば、挑戦する価値は大いにあるでしょう。

　このように、「企画する商品の代替品はあるか？」と自分に問うことは、埋もれない商品をつくるために欠かせないことです。ぜひ日常的に「この商品の代替品はあるかな？」と自分に問う習慣をつけて、なぜものが売れるかという商品企画の根底にアプローチしましょう。

図8 代替されやすい商品の企画者にできること

① ブランド構築　← 広告費

② コストダウン　← 現実的

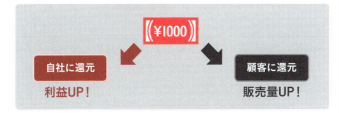

③ イノベーションにより差別化を図る　← アイデアは簡単にはみつからない

Point　**自社の環境にあった最適解を選ぼう**

> CHAPTER 1　企画の基本

No.
04

〔直感の重要性〕

「あ、これいい」に なっているか？

　本書では、商品企画という仕事を、極力論理的なフレームワークで説明しようと試みています。しかし、商品企画を進める中で、フレームワーク馬鹿になることは、避けなければなりません。

◉ 消費者の理想を商品にしても売れない

　皆さんが買い物などの場面で商品を決めるときのことを思い起こしてみてください。実際は、選ぶ基準の連鎖というよりも、直感的に購入することも多いものです。

　消費者が求めるすべての要素を１つの商品に結実させるのも、現実的ではありません。それを無理に達成しようとすると、燃費と走行性能とスタイルと荷物搭載量とすべてを満たした自動車を設計するような、無理な話になりかねません。

　フレームワークにより達成できることは、効率の向上であり、それによりいいアイデアが獲得できる、というものではありません。
では、何が必要なのでしょうか？

　高身長、高収入、高学歴といった結婚相手選びのフレームワークで付き合ってみた彼氏なのに、何となく気に入らず、好きになれず別れてしまった、といった話は枚挙にいとまがないでしょう（図9）。

　企画者も同じように、時折直観的に作業の内容を俯瞰する必要があるのです。そのときの企画が、「あ、これいい！」と思えるようになっていなければ、一度立ち止まってどこに問題があるのか考えてみてください。こうした直観と論理によるレビューの繰り返しで、血が通った企画は生まれてきます。

044

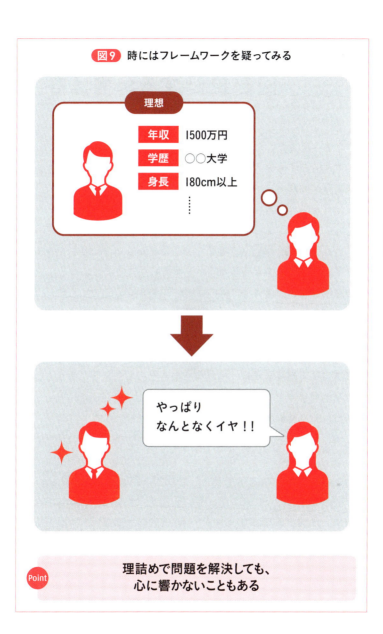

> CHAPTER 1　企画の基本

No.
05

［商品をつくる流れ］
何を企画するか考える

　ここで一度商品企画の大まかな流れを把握しておきましょう。

　以下を参照するときは、所属する企業のやり方、企画すべき商品、新規開発か既存商品の拡張・延長かといったことを整理し、あなたの置かれた状況に合わせて理解してください。

❶ 1. 情報の収集・整理

　まずは、競合関係や競合商品の機能情報を整理しておきましょう。競合関係は意外に複雑で、商品の種類や購買される理由により、競合相手が変化します。例えばワインはほかのワインと競合すると同時に、プレゼントという広い選択肢で捉えれば、花とも競合しているといえるでしょう（図10）。

　購買目的と商品機能は、漏れなく書き出しましょう。そうすれば、どの商品機能がどのような消費行動を起こせるかを理解でき、商品の持つ可能性を最大限引き出すことにつながるからです。

❷ 2. ペルソナの設定

　1の作業を実施することにより、企画する商品のどんな側面が、どんな理由で顧客の役に立つか、という全体像がみえてきます。

　次に、企画する商品のペルソナ（具体的な人物像）を決めます。1で書き出したそれぞれの「理由」にフィットする人物像を想像し、書き出してみながら、1人の具体的な人物像にまとめていきます（図11）。

　ペルソナはこれから企画する商品の顧客代表なので、企画内容を考えるとき、企画を見直すときに役立ちます。

図10 ワインの競合例

購買目的	カギとなる商品機能	競合例（ほかのワインを除く）
家族での食事に	手ごろな価格（500円～1000円程度）、風味、アルコール度数	ビール、スピリッツなどの酒類全般
手土産	適切な価格（5000円程度）、品質、知名度、おしゃれなパッケージ	花、高級菓子など
プレゼント	適切な価格（10000円以上）、製造年度、生産者のストーリーなどの話題性、特別感	服、アクセサリーなどのブランド品、レストランなど
ホームパーティー	適切な価格（1000円～3000円程度）、知名度、風味、おしゃれなパッケージ	ビール、スピリッツなどの酒類全般

 目的によって、機能と競合が変わってくる

図11 ワインの購買目的が手土産のペルソナ例

Q 5000円程度のワインを選びそうな人を考える

基本情報
- 年齢：40歳
- 性別：男性
- 家族：既婚、子どもなし、妻は35歳
- 世帯年収：1000万円
  ︙

ライフスタイル
- 住まい：田園都市線在住
- 趣味：ドライブ、トレーニング
- 職業：出版系
- 勤務地：都心
- 夢：全国の博物館へ訪れること
  ︙

 具体的な人物像が思い浮かぶように情報を書こう

> CHAPTER 1　企画の基本

● 3. アイデア出しをする

そしてペルソナの視点で、ユニークな商品企画にするため、商品の仕様、コンセプトのアイデア出しの作業をします（図12）。ここでいうアイデアは、市場競争の中で、どのような戦い方で勝負していくかという商品企画の骨子をつくることです。商品のもつ機能であったり、商品が使われるシーンだったり、商品名だったり、商品を使った顧客がもつ感慨だったり、様々なレベルのものがあって構いません。

内容にズレを生まないためにも、1人の視点が大切なのです。

● 4. アイデアを企画にする

前述した作業を進めることにより、商品企画のアイデア、基本的な要素のアイデアがまとまってきます。次にそれらの要素を整理し、組み合わせて、親和性が高そうなアイデアをグルーピングしましょう（図13）。この作業でできる1つひとつのグループが企画の原型です。

グルーピングできたら、そのグループに含まれているアイデアの組み合わせで、企画に必要な要素が網羅されているか、競合製品と比較してどのような価値があり、どのような位置付けになっているかを見直します。

必要に応じて組み合わせや個々のアイデアを修正し、「これでOK」と思ったら、最後に発売後の売上予測、費用と利益の試算により、実現可能なものであるかをたしかめます。

一点注意したいのは、これらの作業は、行ったり来たりを繰り返して、だんだん精度を上げていく性質であるということです。

商品企画は、どんな商品が売れるのか、なぜ売れるのか、どうやったら売れるのかを自問自答し、消費者に聞きながらアイデアの精度を上げて1つの商品にまとめていく創造なのです。

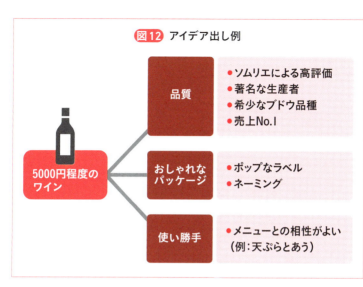

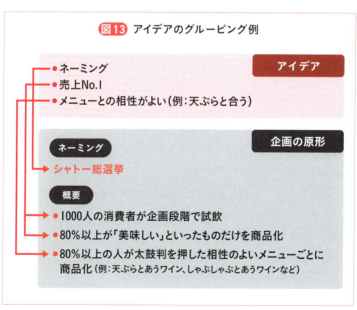

> CHAPTER 1　企画の基本

No.

06

［市場性の確認］

アイデアを実現可能な企画にする

　「アイデア」と「企画」は違います。大雑把にいえばアイデアは断片的な企画の種のようなもので、企画はいくつかのアイデアをまとめた、商品を世に出すためのシナリオのようなものです。

　つまり、企画は商品をつくるのみではなく、売っていくためのもの。ではその企画にもとづいた商品が売れるかどうかの検証の仕方を考えてみましょう。

◉ 1. その商品は、実際に売れるのか？

　前項までの作業により、今あなたの手もとにはアイデアが整理された企画の原形があるはずです。次に考えるべきことは、**店頭で消費者が、この商品を何と比較して、どのように検討して買うのかという仮説をつくる**ことです。

　この段階では企画は初期段階ですので、図表のようなざっくりとしたまとめ方をするのも一法です（図14）。

　参考までに、精緻なやり方をするのであれば、3章8項で論じるツールをこの段階から使うと、より精度の高い仮説構築と検証が可能です。

　どちらにしろ、本章5項の「1. 情報の収集・整理」で検証したときに複数の市場・競合商品がある場合は、図14のようにその数だけの仮説を考えてみましょう。

　また、競合の立場でも考えてみましょう。競合のペルソナは不明なので、常識的な視点をベースにしましょう。

050

図14 企画をブラッシュアップする仮説例：シャトー総選挙

購買目的	自社製品と競合商品	消費者が選ぶ理由	選ばれるためにできること
	シャトー総選挙	面白そう、美味しそう、メニューとの相性がよさそう	—
家族での食事に / 手土産 / プレゼント	国産の同価格帯ワイン	知名度、国産であること、ブドウ品種	国産と輸入のどちらと戦うにせよ、相性のよいメニューは、バリエーションを広げるために和と洋に偏らないように注意する
ホームパーティー	輸入の同価格帯ワイン	産地、知名度、ブドウ品種、ラベル	企画時のテストで、輸入競合ワインとの比較データをとっておく
	同価格帯の日本酒	知名度、安心感、和食との相性	ワイン同様に、日本酒も「日本酒よりも刺身にあう」などのテストデータをとっておく
プレゼント	花	華やかさ	ギフトに最適な華やかなパッケージにする
手土産 / ホームパーティー	お菓子	知名度、子どもが対象	発売後、パブリシティを重ねることで知名度は獲得できる

Point：比較される商品とその強みを理解し、商品企画に反映しよう

> CHAPTER 1　企画の基本

● 2. ポジショニングマップを描いてみる

　そして、描いた自社商品と競合商品の仮説を比較します。どのような評価の項目と軸が消費者の選択を分けるのかを整理し、4象限のマトリクスにまとめてみるのです（図15）。

　この表は、市場をどのように定義し、どこで何を武器に戦うかを視覚的にまとめたポジショニングマップと呼ばれるツールです。あなたの商品が市場でどのような差別性をもち、どのような位置をとれるかを示す重要な図になります。

　図15をみると、シャトー総選挙は、日本酒や競合ワインと比べて知名度において劣っています。競合の優位性の源泉を自社商品に取り込むことが、ワイン総選挙の勝機です。例えば、日本酒の「魚介に合う」という知名度の源泉に対しては、次の方法が考えられます。

1. ワイン総選挙で魚介に合うバリエーションを開発する
2. 消費者から「ワイン総選挙のほうが魚介に合う」というデータを得られるまで商品の改良を行う
3. そのデータをマーケティングに活用するといった施策を打つ

　自社商品と競合商品を比較することで、競合の強みを自社の強みとして取り込むこともできるのです。

　アイデアと企画の間を行ったり来たりしている初期段階でも、ポジショニングマップがあると戦略的な要素で企画を整理できます。また、社内の同僚や上司に、あなたの考えを簡潔に語る際にも役立ちます。

　また、企画が精緻化し、後述するバリュープロポジションが確定したあとは、ポジショニングマップは自社製品が市場でどのように受け入れられるかの設計図となります。

　まずは、ポジショニングマップで考える習慣をつけましょう。

図15 自社と他社を比較するポジショニングマップ例：シャトー総選挙

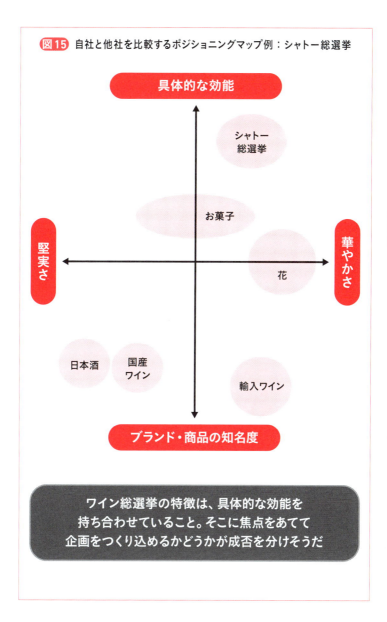

ワイン総選挙の特徴は、具体的な効能を
持ち合わせていること。そこに焦点をあてて
企画をつくり込めるかどうかが成否を分けそうだ

> CHAPTER 1　企画の基本

● 3. 売上と費用を試算する

　次に、あなたの商品の魅力を伝える相手と手段を考え、市場性を検証します。このとき、新規顧客にどのように商品を認知させるかという視点と、いかに広い範囲の人に購買を促すかという視点が必要です。それぞれのターゲットがどれくらい存在し、その何％に商品の魅力を伝え、実際に何％が購入してくれるのかを想定する必要があります。

　企画初期の段階では、自社の過去のマーケティング施策を参考にして、マーケティング費（売上や売数）を推測するとよいでしょう（図16）。このとき、認知と売り場をつくる初期の投資（通常大きい）と一度達成された認知や売り場を維持する投資は区別して考えておく必要があります。それぞれ投資不足、過剰投資にならないように注意しましょう。

　精緻化の段階では、後述する調査で統計的なターゲットの規模を推定し、予算やPR戦略を決めて、最終的な売上を試算するのが一般的です。市場が期待通りに反応したときの売上と費用を試算し、売上ターゲット、投資とリターンのバランスを考えます。

　商品のタイプによって評価の仕方を変えてください（図17）。市場におけるシェア、自社におけるシェア、絶対額の中から適切なものを選びます。ただし、会社の規則や営業の考え方によって、社内・社外の納得性が高い目標を採択しましょう。

　以上の作業を終え、十分なリターンが得られることが確認できたら、研究開発部門にこの内容を伝え、開発のプロセスに入ります。この先のテスト（市場導入）の話は4章以降で詳説します。

　ただし、このプロセスはあくまで一般的な例であり、特にイノベーション型の企画にはマッチしません。置かれた状況にあわせて、実施してください。

054

図16 自社の投資・売上データを参照する

- 同価格帯の同じジャンルの商品の売上をグラフにする
- 投入したマーケティング費を時系列でグラフにする

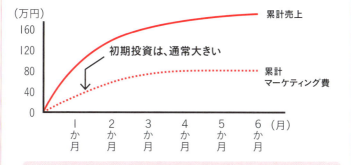

Point グラフから、実現可能なマーケティング費とあわせて売上を推測する

図17 企画のタイプで目標設定を変える

企画のタイプ	ゴール指標例
既存商品のバリエーションの拡張	自社内シェア XX%
自社ブランドの拡張	市場内シェア XX%
新規商品(既存の競合との競争)	市場内シェア XX%
新規商品(新規の競合との競争)	絶対額 XX円の利益

> CHAPTER 1　企画の基本

No.

07

［デジタルの商品・サービスをつくる流れ］

デジタル商品は、ペルソナの設定からはじめる

デジタルの商品、つまりソフトウェアやアプリやWebサービスを企画するときも、基本的な流れは同じです。

一点注意したほうがよいのは、デジタル商品は、既存の市場にはまりにくいアイデアをかたちにするケースがよくあるということです。

その場合は本章5項で最初に述べた競争環境の分析は省略し、まずペルソナの設定からはじめましょう（図18）。今まで世に出たことのないアイデアをかたちにするわけですから、どんな機能がどんな画面に搭載され、どのようなユーザーインターフェースが提供されるべきなのか、1人のユーザーの視点で徹底的にレビューしましょう。

◉ Googleのシンプルさを目指す

デジタル商品はコードの積み重ねであり、基本的にどんな機能でもコードを書けば実装できます。しかし、たくさんの機能をもつために使い方が複雑になりますし、コンセプトも曖昧になるので、マーケティングがやりにくくなってしまうのです。

様々な人の視点や希望を反映した商品は、実際には使いづらくなってしまいます。

皆さんもあまりに多くの機能が積まれているために使い方がわからないサイトに出会ったことはありませんか？ それに比べて、スマホでの利用者数1位の検索サイトGoogleの検索画面はシンプルです。皆さんが企画するときも、Googleのシンプルさを目指してください。

056

図18 ペルソナから設定する場合の例

> CHAPTER 1　企画の基本

COLUMN　損切りする勇気

コンコルド（超音速旅客機）、つまらない映画、株の売り買い。この3つには共通点があります。

コンコルドは、ブリティッシュ・エア・ウェイズとエールフランスが巨費を投じ、開発に着手したものです。しかし、旅客スペースが広くとれず、超高額な料金をお客さまから徴収しなければならないことや、衝撃波の関係で超音速の飛行は海上に限られるなど、多くの問題が発覚しました。その1つひとつが深刻なことだったにもかかわらず、両社は開発を継続しました。

映画は、一度料金を支払ってしまっているがゆえに、面白くない内容だとわかったときにもエンディングまで観客を席に拘束する力があります。もったいないという感覚が貴重な時間を無駄に使わせてしまうのです。

株は、価格が下がると、もとの値段に戻るまでは一度保有した株を売る決断がなかなかできず、それどころか「安くなった価格で同じ銘柄を追加購入→さらなる値下がり」というループを繰り返し、傷口を広げてしまうことが多々あります。

これらは3つとも、一度した投資が思うような結果にならないときに、初期投資を諦められずに継続し、最終的に痛手を被ったもの。

ビジネスもしかり。初期投資はすでに終わった話なので、合理的な判断をするならば、途中での撤退が正しいという局面が多くあります。

そのようなときには判断を先送りにせず、さっさと損切りしてしまうのも、一法です。

058

CHAPTER

2

情報収集・調査で
インサイトを探る

01 3パターンのターゲットを考える

02 企画は5つの制限の中で考える

03 調査で企画の精度をあげる

04 ターゲットを調査する

05 購買理由を調査する

06 ターゲットに感情移入し、差別化を図る

07 店頭での観察により、ターゲット像を磨く

08 リテーラーと協業する

09 SNSから消費者の声を探る

10 調査の結果をインサイトに変換する方法

11 タネを組み合わせてアイデアをつくる

12 利用環境の観察により、ターゲット像を磨く

> CHAPTER 2　情報収集・調査でインサイトを探る

No.

01

［ターゲット設定］

3パターンのターゲットを考える

　商品企画の第一歩として、ユーザーの嗜好に沿った企画にするために、ターゲットを決めます。ターゲットが明確だと、感情移入しやすくなるので企画の精度が上がりますし、想定したユーザーに事前にアンケートをとることが可能になるなど効率的です。

　ターゲットとは、単純に商品を買ってくれる人ではありません。ここでは、次の順で3つのターゲットを考えてみましょう。

1. 商品の特徴をだすためにペルソナを考える
2. 商品の魅力を伝えるコミュニケーションターゲットを考える
3. 大衆を取り込むためにプロモーションターゲットを考える

◉1. 商品の特徴をだすためにペルソナを考える

　何でもできる機能てんこ盛りの商品は、特徴がだしにくいため、ヒットする確率が低い商品になってしまいがちです。

　そこでペルソナを設定して、実装する機能の取捨選択をし、特徴のある商品を企画していくことが必要になります（図1）。

　「この世に商品のユーザーが1人しかいないとしたら、それはどんな人か？」ということを考えます。誰が読んでも同じ人物像がイメージできるように、年齢、性別にはじまり、居住地、友人関係、趣味などまで詳細に記述してください。あるいは、ぴったりな人物がみつかれば、芸能人や物語上のキャラクターでも構いません。

060

図1 ペルソナの例

企画する商品

ダイエット商品

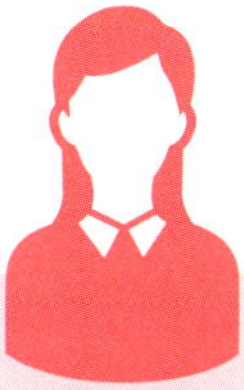

○○さん

性別	女性
年齢	35歳
住まい	赤坂
出身	大阪
年収	600万円
趣味	ヨガ
家族	父、母、妹の4人家族。ペットの犬と一人暮らしをしている
目標	結婚式で美しい花嫁になりたい

⋮

Point 具体的に人物像が浮かぶように定義する

> CHAPTER 2　情報収集・調査でインサイトを探る

◉ 2. 商品の魅力を伝えるコミュニケーションターゲットを考える

　人は自分が知らないものを買うことはまずありません。企画した商品をヒットさせるためには、告知活動を行って商品の魅力をアピールしなければならないのです。

　企画段階から、アピールする相手（コミュニケーションターゲット）を考えることが必要です（図2）。

　ペルソナはあくまで個人です。一方で、コミュニケーションターゲットはある種の共通点を持ったグループ（セグメント）として設定する必要があります。具体的には、ペルソナの価値観をベースに設計した商品に共鳴してくれるグループとして、ペルソナに憧れたり共鳴したりする集団を設定するのが王道です。一度コミュニケーションターゲットを設定したら、実際にそのデータを集め、志向や行動傾向を把握し、ターゲットの精緻化に使用するのも一法です。

　コミュニケーションターゲットを設定したら、価値観、ライフスタイル、とりがちな消費行動などを書き、それに対応する広告展開やPR施策を行いましょう。

◉ 販売を拡大するためのコミュニケーションターゲット

　ペルソナは個人であり、コミュニケーションターゲットは集団です。前者はコンセプトを考えるときなど商品企画のために設定し、後者は販促活動の一環であるマーケティング・コミュニケーションのターゲットとして設定します。

　全部ペルソナで通そうとすると、架空の個人を対象とするので、マーケティング・コミュニケーションは機能しません。なぜなら、メディアは個人ではなく、ライフスタイルや価値観を共有している集団をターゲットとするからです。

062

図2 コミュニケーションターゲット設定の流れ

ペルソナに似ているか、ペルソナに憧れるようなセグメントを考える

⬇

> 結婚に憧れ、綺麗な花嫁になりたい女性

該当セグメントのデータを集める

⬇

調査を行ったり、調査結果を調べたりする

ダイエットしたい未婚女性に聞いた気になる部位（例）
- 二の腕 40%
- 顔 30%
- 足 20%
- その他 10%

コミュニケーションターゲットを決定する

> 二の腕が気になる結婚を来年に控えた女性

 Point 実際にアクセス可能な集団をコミュニケーションターゲットに設定しよう

> CHAPTER 2　情報収集・調査でインサイトを探る

◉ 3. 大衆を取り込むためにプロモーションターゲットを考える

コミュニケーションターゲットが購買行動を起こしてくれたら、次は大衆を取り込む必要があります。

ペルソナへの共鳴などはともあれ、「みんなが買っているから自分も買う」「安くなっているから買う」といった動機で購買行動を起こす人にアプローチして販売を最大化することを考えるのです。

このためには「今なら抽選でXXがあたる」「ここなら安く買える」など限定感に訴求するプロモーションを企画するのが効果的です。

コミュニケーションターゲットとプロモーションターゲットの違いは、図3で説明しました。参考にしてください。

ここでは、かなり汎用的なターゲット設定の仕方を紹介しましたが、ビジネスの種類・形態によってはペルソナを決めると足枷になるようなケースもあります。例えば、誰もが訪れ、商品数が何万点にも及ぶスーパーマーケットでは利用目的が多岐にわたり、無理にペルソナを設定すると、平均的な人物像になってしまいがちです。このような人物の視点を通した商品企画は、平凡の域をでられません。

ですので、スーパーマーケットのようなビジネスではペルソナ設定以外のかたちでターゲットを定義する必要があります。具体的には、人ではなく人がもっている動機や意図をターゲットに対象として扱うと上手くいくのではないかと筆者は考えますが、これは本書のテーマではないので、他書に譲ります。

企画のプロセスとしては、3つのターゲットを設定したあとに、ターゲットに響くポイントであるインサイトを探し、それを商品の仕様に反映していくことになります。

図3 ターゲットから見る施策の違い

企画する商品

健康飲料

コミュニケーション ターゲット例	プロモーション ターゲット例
二の腕が気になる 結婚を来年に控えた女性	コンビニやスーパーで 買い物をする人全員

施策例

- 結婚に関連する
テレビ番組でPR

- ゼクシィなどの
Web記事でPR

- 結婚式場の機関紙に
広告を出稿

施策例

ペットボトルに
景品をつける

Point コミュニケーションで初動売上をつくり、
プロモーションで広く面をとる

> CHAPTER 2 　情報収集・調査でインサイトを探る

No.
02

［前提条件の確認］
企画は5つの制限の中で考える

　商品企画を行う際は、自由に考えたくなりますが、どんな商品を企画しても構わない制限のない環境は通常ありません。商品企画は図4の5つの制約で考えるようにしましょう。

　まずは**企画予算**があります。いくらよい企画ができても、それを実現するお金がなければ絵に描いた餅です。

　2つ目は**研究開発のノウハウ**です。企画という机上のアイデアを実際にかたちにしていくための知識や技術がなければ、企画は日の目をみることはできません。

　3つ目は**製造のキャパシティ**です。既存の製造設備で生産できないものは、莫大なコストがかかり、現実的ではありません。

　4つ目は**販売のキャパシティ**です。通常、企業は既存商品の販売体制があり、営業・販売プロセスや、流通・チャネルなどとの関係ももっているものです。これら既存の体制を使えないと、営業部隊の構築やトレーニングが必要になり、小さくない投資が要求されます。

　最後は**自社の既存事業とのコンフリクト**です。ガス会社が電気を使ったエアコンを開発したら、本業に影響しますよね。

　これらは会社をあげての企画やイノベーションの追求といった場合は解決すべき課題にもなります。しかし、型を使って日々の仕事として定期的に制作しなければならないインサイト型の企画では、あらかじめ制約を守ることを意識して企画した方がよいでしょう。

066

図4 5つの制約

1. 企画予算

2. 研究開発のノウハウ

3. 製造のキャパシティ

4. 販売のキャパシティ

5. 自社の既存事業とのコンフリクト

Point 自社にある5つの制約を確認し、意識して企画しよう

> CHAPTER 2　情報収集・調査でインサイトを探る

No.
03
［調査の目的］
調査で企画の精度を
あげる

● 最初は直感で、あとで裏付けをとる

　企画初期には、あたりをつけるために、自分の経験や直感を仮説的に使用しても構いません。しかし、正式な企画をつくるときには、やはりデータや統計に裏打ちされた設定をしたいものです（図5）。

　例えば商品が何と競合しているか、競合製品と比べたときにどのような基準でどちらが選ばれるかという競合関係は、人や動機で変わってきます。

　同じホテルの予約でも、女性と男性では基準が違いそうですし、どのような用途の宿泊かによっても変わってきそうです。男性にとっては繁華街からの距離が重要でも、女性にとっては、アメニティの充実度をより重視するなどが考えられます。チェックアウト時間については、出張利用では朝10時でよくても、旅行利用ではゆっくり眠るために昼頃がよいなどがあるでしょう。

　これらのパターンを調べ、それぞれの規模を知るためには調査が有効です。競合関係に限らず、ターゲット設定、値付けなど、商品企画の中で**戦略的な方針を定める場合は、机上で仮説を立てたあとに調査を行って裏付けをとるのが常道**です。

　調査はその目的に応じて、アンケート調査、グループインタビューやユーザー行動の観察などを使い分けます。

　次項より、具体的な調査の目的と方法について、解説していきます。

068

図5 仮説を立て、調査で裏をとる

仮説

1. 自分で考える

いくらなら買ってくれるか？
どんな人が買ってくれるか？

2. まわりや消費者に聞いてみる

あなたはこの商品を買いますか？
どんな人が買ってくれると思いますか？
いくらなら買ってくれますか？

調査

量的な調査をする

例 パネル調査の依頼

調査会社

××歳○○在住の回答者を抽出し、
利用意向と価格受容性を
調べてください

調査すべき項目

ターゲットの場合：仮説に該当する消費者が
　　　　　　　　　　どれくらいいるか？
価格の場合：仮説の価格での購買意向は？

> CHAPTER 2　情報収集・調査でインサイトを探る

No.

04

［ユーザー調査①］
ターゲットを調査する

競合や自社の既存商品の利用者、企画商品を使ってくれそうな人を知ることは、市場調査の基本です（図6）。

競合や自社の既存商品のユーザー調査では、次の2点を知る必要があります。

- 自社商品を使っている人の属性（年齢、性別、収入、居住地、価値観、ライフスタイル、収入など）
- 全体から見たその属性の人の割合

自社の既存商品のユーザーについて知ることは有用です。**特に、既存商品の新規バリエーション開発の商品企画では、既存ユーザーの調査をすることが多くあります。**なぜなら自社商品のユーザーは、既存の商品力やマーケティング活動で、すでにアプローチできているユーザーグループだからです。新規商品企画においてターゲット設定するときに、近しい設定にすれば、シナジーが期待できます。

また、全体の中に自社ユーザーがどのくらい存在するのかを知ると、既存の施策や商品ラインアップで市場全体のうちどれくらいにアプローチできているかがわかり、今後の成長余地やそれに応じた戦略の選択に役立ちます。

● PRするターゲットの規模を調べる

既存ユーザーのあらましや規模がわかったら、次は企画した商品向けに定義したコミュニケーションターゲットやプロモーション

図6 競合や自社の既存商品のユーザー調査

調査会社

回答者全体から商品利用経験者を抽出してください。
経験者を年代、性別、収入、居住地別に分類してください。
それぞれを量的に示してください

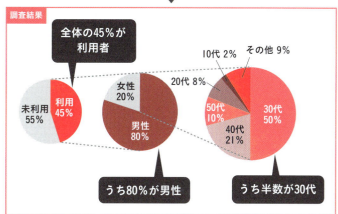

調査結果

全体の45%が利用者
未利用 55% / 利用 45%

うち80%が男性
女性 20% / 男性 80%

うち半数が30代
10代 2% / その他 9% / 20代 8% / 50代 10% / 40代 21% / 30代 50%

想定したペルソナは、20代男性だけど……

Point 既存商品のユーザーと新商品のターゲットを比較し、必要があれば修正する

> CHAPTER 2 情報収集・調査でインサイトを探る

ターゲットの規模を調べてみましょう（図7）。机上で設定したターゲットにかかわる決めごとが実際に機能するかどうかが、ここでわかります。

- **定義したコミュニケーションユーザーやプロモーションユーザーの人数**
- **定義したコミュニケーションユーザーやプロモーションユーザーの多い場所やよく使うメディア**

これらを知ることで、商品開発し、マーケティング施策を打っていった場合、どのくらいの規模の消費者を対象にできるのかという青写真がみえてきます。さらに、設定したターゲットの具体的な居住地や利用メディアをもとに、どのようにマーケティング投資を配分すればよいかのガイドになります。

本来、これらの調査は、次のプロセスで行うのが一番確実なのはいうまでもありません。

1. **ある人がコミュニケーションターゲットかどうか決定づける要素を抽出**
2. **全人口を対象にコミュニケーションターゲットか否かのスクリーニングを行う**
3. **彼らの居住地・よく利用するメディアなどを調べる**

しかし、全人口を対象にした調査はコストがかさみすぎるので、現実的には年齢・性別・収入などが市場全体と同じ構成になるようランダムに抽出されたサンプルグループを対象に行います。

図7 企画する商品のユーザー調査

調査会社

> ターゲットに特有の行動や趣味嗜好に関する質問を作成し、全体を対象にターゲットのターゲットの規模を測ってください。次に、ターゲットを対象に視聴メディアと1日あたりの時間と活動エリアを調査してください。

調査結果

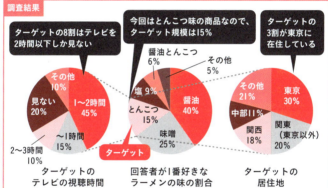

- ターゲットの8割はテレビを2時間以下しか見ない
- 今回はとんこつ味の商品なので、ターゲット規模は15%
- ターゲットの3割が東京に在住している

ターゲットのテレビの視聴時間 / 回答者が1番好きなラーメンの味の割合 / ターゲットの居住地

> 全国均一の販促計画を見直すべきだ

 このように、実際のターゲットの割合・分布を可視化する

> CHAPTER 2　情報収集・調査でインサイトを探る

◉ 調査対象者を確保する方法

調査対象者の確保には、次の2つの方法があります（図8）。

1. 調査会社などが保有する回答者リスト（パネル）を利用する
2. その調査のために新たに集めたり募集したりする

1の方法は、コストにメリットがある一方で、回答者の調査慣れという問題があります。

2の方法は、コストはかかるものの、都度新しい回答者からフィードバックを得られるメリットがあります。

◉ 調査の手法

調査の手法としては、Webによる聞き取り、対象者と直に面接する方法（面接法）と、アンケートを回答者に渡して自宅などで記入してもらう方法（留置法）があります（図8）。

Webには比較的安価かつ集計が簡便であるというメリット、面接法には回答に対する更問などで深い聞き取りができるというメリット、留置法には回答者が時間をかけて回答できる・時系列で聞き取りができるというメリットがあります。

それぞれの方法には長所、短所がありますので、目的に従って、適切な方法を選んでください。

図8 調査の組み立て

●調査対象者の確保方法

方法	メリット	デメリット
パネルを利用する	比較的安価	対象者の調査慣れ
新たに集めたり募集したりする	都度新しい意見が得られる	比較的高価

●調査の手法

方法	メリット	デメリット
Web	安価 集計が容易	深い聞き取りはできない
面接法	更問などで深い聞き取りができる	高価 回答者ごとに時間がかかる
留置法	回答者が時間をかけられる 時系列で聞き取りができる	高価 深い聞き取りはできない

 目的に応じて、適切に調査を組み立てよう

> CHAPTER 2　情報収集・調査でインサイトを探る

No.
05

〔グループインタビュー、デプスインタビュー〕
購買理由を調査する

　前項のプロセスでユーザーの属性が明らかになったら、ユーザーと実際に話し、その商品を使う理由と場面を聞き出します。

● グループインタビューかデプスインタビューか？

　通常、グループインタビューかデプスインタビューで調査します（図9）。

　ある程度確度が高い仮説や裏付けがあるときは、効率を重視してグループインタビューを行ってください。一度に多くのユーザーの声を集めることができます。ただし、1つのグループは、3人から6人程度にし、1つの属性（性別、年代、収入など）で統一して、話題が過度に拡散せず、かつ、話が弾むようにします。

　1つひとつ確認し、新たな発見が欲しい場合は、1人のユーザーの内面を探っていくデプスインタビューを行います。

　どちらも、スクリーニングをかけた属性のユーザーに対し、特定の場所で1時間から2時間程度で、インタビューを行います。ユーザーに対して先入観を与えず、客観的に話を聞くのは難易度が高い仕事です。そのため、通常は訓練を受けた者がモデレーターとしてその役を担います。

　重要なのは、モデレーターと企画者の間でつくる具体的な質問です。**商品を使う理由だけではなく、使わない理由も質問するとよい**でしょう。そうすれば、「値段が高いから」や「使いづらいから」など、利用のハードルになっていることをあぶりだせるので、企画に役立てることができます。

076

図9 グループインタビューとデプスインタビューの違い

グループインタビュー

複数の回答者同士のディスカッションを観察する

 ×

回答者　　　　　モデレーター

向いている場面

- 仮説を広げたい、または仮説の裏をとりたいとき
- あるトピックに対して多様なアイデアが欲しいとき
- ユーザーの行動を知りたいとき

デプスインタビュー

1人の回答者から洞察を得る

回答者　　　　　モデレーター

向いている場面

- 仮説がいちから欲しいとき
- なぜこれを選ぶのかなど理由を深堀りしたいとき
- ユーザーの深層心理を知りたいとき

 目的によってインタビューを選択しよう

> CHAPTER 2　情報収集・調査でインサイトを探る

No.
06
［自社商品と他社商品の比較］
ターゲットに感情移入し、差別化を図る

　これまでのステップにより、あなたは調査対象商品を使う人や理由、場面（あるいは使われないか）が詳細にわかってきたはずです。

　ここで一度、調査結果と同じ利用状況で、実際にあなたが競合商品と企画商品（テスト商品）を使ってみてください。1番のライバルになると思われる競合商品を選んで比較しましょう。

● 4つの質問で競合と自社を比べる

　他社商品と企画商品を使ってみたあとに、使用感をまとめる必要があります。主に次の4つの質問をしてみてください（図10）。そうすることで、企画商品の立ち位置や足りない点が見えてきます。

１．競合のよいところは？
２．自社のよいところは？
３．自社のダメなところは？
４．ほかの競合のよいところは？

　競合と自社の称賛内容からは、商品が戦っている市場の競争軸の全体図がみえてきます。自社のダメ出しでは、商品を改善するためのヒントが得られます。また、競合と自社以外に、代替商品をもつ企業を考えることにより、市場や競争を狭く捉えていたことがわかったり、新たな差別化の軸がみえたりすることもあります。

図10 商品を改善する4つの質問回答例

企画する商品 コーヒー
自社 ドトールコーヒーショップ
競合 スターバックス

1. 競合のよいところは？

例
- 接客がよい
- 店内が落ち着く
- 短期間でコーヒーの新商品がでる

2. 自社のよいところは？

例
- 気楽に入りやすい
- コーヒーが安い
- サンドイッチ類が美味しい

3. 自社のダメなところは？

例
- おしゃれさに欠ける
- 気分があがらない
- コーヒーが苦い

4. ほかの競合のよいところは？

例 コンビニエンスストア
- コーヒーがさらに安い
- 品質が保証されている
- ほかのものも買える

*質問回答例は、筆者の所感です。

> CHAPTER 2　情報収集・調査でインサイトを探る

● 4つの質問で自社と他社を比べる

　自分の使用感を1〜4の質問で書き出したら、競合関係をポジショニングマップでまとめてみるとよいでしょう（図11）。

　図10の作業で自社と競合との様々な差異や共通点を洗い出したと思います。それらをグルーピングして共通項を言語化することにより、ポジショニングマップでまとめるときの評価軸が得られます。

　企画者は常にユーザーの視点に立たなければなりませんが、どうしても自社の既存ビジネスの在り方を肯定する見方をしてしまいがちです。この作業で、強制的に企画商品、競合商品について考える視点をリフレッシュします。

　図11のようにまとめられたら、自社商品をコンセプトやバリュープロポジション（3章3項・4項）と照らし合わせてみたときに、強みを強化するにはどうすればよいか、逆に弱みを補完するにはどうしたらよいかという思考実験を繰り返すと、よい示唆が得られます。

● 調査結果の勘違いを防止する

　また、企画者がユーザーの視点で利用経験を重ね、その上で調査結果を消化することにはとても意味があります。インタビューの回答者が皆、自分の感覚や感想を言語化することにたけているわけではないからです。

　筆者が経験したことでは、X線フィルムの画像品質について、ユーザーの「クリアな画像」という表現を、「無色透明なベースに画像が描かれている」と当初理解していました。しかし、自分で競合商品と自社商品を利用して比較することにより、実はユーザーは青みがかった画像を「クリア」と表現していたことがわかったのです。

　このような内省・経験により得られた知見は、1つひとつがインサイトのタネとして、後々意味を持ってくるのです。

080

図11 競合関係のマトリクス図の例

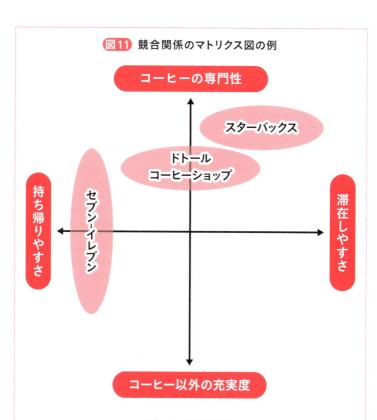

分析結果

ドトールコーヒーショップは、コーヒーのスペシャリストとしては
- 基軸商品のコーヒーが弱い
- 高品質のコーヒーで追撃する
- コンビニにない強みとして滞在価値をあげる

などのアイデアが得られる

Point　4つの質問からマトリクス図などで分析し、商品を向上させるアイデアを得よう

＊図11は例であり、事実による記述ではありません。

> CHAPTER 2　情報収集・調査でインサイトを探る

No.
07
［ユーザー調査②］
店頭での観察により、
ターゲット像を磨く

　何気なく何かに触る、何かをみるといった些細なことを含め、人間の行動には基本的に何かしらの目的や意図があります。しかし、人の心の中は覗くことができず、通常「目的」や「意図」を可視化することはできません（図12）。

　つまり、**行動を観察し、推論を働かせて、それを推し量る必要がある**のです。注意深い観察により、マーケティング上もっとも大切な情報の1つである「なぜそれを購入したのか？」という購買理由を得られる可能性があるということです。

　本章5項で説明したグループインタビューとデプスインタビューは、企画者が持つ疑問に対する知見を得たり、仮説を検証したりするのには非常に役立ちます。しかし一方で、決まった台本以外のことを偶発的に発見することは困難です。

　また、前項で実際に商品を使うことの有用性に触れました。しかし、この手法も、ユーザーの利用環境や背景にまでおよぶシミュレーションはできません。

　実際にユーザーが商品とかかわる環境を観察してみることをお勧めします。

● 店頭でユーザーを観察する

　まず、店頭でユーザーが商品を手にとるときを観察してみましょう（図13）。
店頭では、**ユーザーの視線の動きや手の動きなどに注目**してください。そうすれば、ユーザーが商品を手にとるまでにどのように迷い、選択

図12 人の心は見えない？

- キョロキョロと周囲を見渡している
- モジモジしている
- 小走りしている

意図の推測

きっとトイレに行きたいんだろう

 行動の背景にある意図を観察しよう！

> CHAPTER 2　情報収集・調査でインサイトを探る

したかという行動の経緯が理解できます。

　あなたが直接店頭で観察することもできますし、調査会社に頼み、視点の動きを記録できるゴーグルのような器具（アイトラッカー）を被験者にかけてもらい、データを得る方法もあります。

　筆者の経験では、携帯電話の連動する自販機を企画・開発したとき、実際に設置された場所でユーザーがどのように自販機を利用するかを観察したのが印象に残っています。

　当時の自販機のユーザーインターフェースは、まず携帯電話と連動するために自販機のモードを切り替えるボタンを押し、そのあと自販機に内蔵された二次元バーコードリーダーに向けて携帯画面に表示させたQRコードをみせる（そうすると、自販機がユーザーを認証し、カスタマイズされたやりとりがはじまる）、という設計にしていました。

　ところが現場を観察すると、切り替えボタンを押すことなく、いきなりQRコードをみせているユーザーが一定数いることがわかりました。

　「QRコードをみせる動作が、ユーザー認証とモードの切り替えを両方兼ねていたほうが合理的で利用者の直感にもあっている」と判断した筆者たちは、自販機とバックエンドともに切り替えボタンを省略できるようにプログラムを変更して、自販機のインターフェースを改善しました。

　店頭での観察は、気軽に行えるうえ、企画者に生の情報をもたらしてくれます。レポートなどにまとめられた情報よりも密度の高い完全な情報源となりますので、お勧めです。

084

図13 店頭の観察

ポイント 「なぜそれを選んだか?」の背景を観察すること

陳列棚

一般的に探索するとき、人は左上から右下に向かって視線を移動させる

↓ しかし！

店頭で観察すると、その理論通りにはならない

主な店頭での商品選択理由

ブランド

パッケージ

陳列の仕方

価格

POP

店頭での観察では、何が注目ポイントになるか理解できる。もし疑問をもったら、勇気をもって尋ねよう！

> CHAPTER 2　情報収集・調査でインサイトを探る

No.

08

［データによる企画立案］
リテーラーと協業する

前項では、店頭で消費者を観察するという話をしました。

これを一歩進めて、店舗をもつ企業であるリテーラーと協業したら何ができるかということを考えてみましょう（図14）。

ここでいうリテーラーには、リアルな店舗をもつ企業だけではなく、オンラインショッピングも含んでいます。

● リテーラーが持っている情報の本質

もし、あなたがいわゆるメーカーに勤務する商品企画者であるならば、もっている販売データは自社商品のものだけのはずです。つまり、基本的にあなたはマーケット全体の販売データを手にすることはできません。

また、あなたの商品が属しているカテゴリー以外の販売データも、当然あなたは手にすることはできません。

これらの情報をすべて持ち合わせているのがリテーラーです（図14）。

リテーラーの持つPOSデータには、「何月何日の何時ごろ、どんな商品とどんな商品が組み合わされて購買されているか」が主に記されています。

これをみれば、その消費者がどのような意図をもって買い物にきたかをおおよそ類推できます。さらに、その類推をもとに、同じ意図をもつ消費者の来店レシートを集計することにより、どんな商品とどんな商品が併売される傾向にあるのかを知ることができます。レシートの細部を比較すれば、代替的に購買される傾向にある商品も

図14 リテーラーと協業すると何ができる？

自社サイトの販売データ

自社商品

基本的に指名買い

自社商品が他社商品とどのように比較検討されているのかわからない

リテーラーの販売データ

自社商品　？

自社商品とよく買われる商品や代替商品の種類がわかるので、購買目的や購買条件が推測できる

商品の組み合わせ

 5月の第1週にカレールーの売上増加

理由の仮説

母の日に父と子どもが一緒につくるのではないか？

→

店の一等地に置いたら、さらに売上UP！

 Point ユーザーの行動・提案意図に寄り添った売り方をすれば、売上はつくれる！

> CHAPTER 2　情報収集・調査でインサイトを探る

わかります（図15）。

　また意外な来店時刻や、意外な組み合わせで自社商品が購買されているというような傾向がみえると、想定していなかった購買パターンや購買意図を発見できることもあります。

　Amazonなどのオンライン販売では、「おすすめ商品」が表示されます。その精度に舌を巻いたことのある読者も多いのではないかと思います。「おすすめ商品」を選択する原理は、次のような協調フィルタリングと呼ばれる仕組みで成り立っており、前述したレシート集計の考え方に近いものです。

- **商品Aを買った人は、ほかに何を買っているかというデータを調べる**
- **するとBという商品が浮かび上がる**
- **あなたはAmazonでAを購入したが、Bは購入していない**
- **Aを購買した人はBを購買するケースが多いというデータにもとづき、あなたにBを勧める**

　リテーラーと協業してこのようなデータを活用することができたら、消費者がどのような場面で何と比較した結果自社商品を購買しているかといった示唆を得ることができます。

　また、Web上の陳列改善（併売されやすい商品をまとめて表示するなど）やプロモーションの精度を上げるためのアイデア（自社商品と代替性の高い他社商品の購買者に広告を見せるなど）を得ることもできるでしょう。

図15 レシートをビッグデータとしてみると…？

 全数データは、机上の論理よりも強力である。
虚心になってみよう！

> CHAPTER 2　情報収集・調査でインサイトを探る

No.
09

［SNSの観察］
SNSから消費者の声を探る

　FacebookやTwitterなどのSNSはそれぞれに1000万人単位のユーザーを獲得し、すでにマスをカバーしているプラットフォームだといえるでしょう。SNSではどのサービスでも、人と人とのつながりやコメントの連鎖を観察することができます。これはSNSを観察すれば、調査に匹敵する可能性を示しています。

◉ SNSで消費者の声をグルーピング、数値化する

　SNSの中でもTwitterは、ログへのアクセスを解放しているので、可能性が広がります（図16）。

　例えば、競合商品と一緒にツイートされた言葉を調べると、消費者がその競合商品にどのようなイメージや属性をもっているかがわかります。消費者が自社と競合の間でどのような差を感じているかがわかるでしょう。商品に関するツイートの総量を調べれば、社会から商品への関心が数値化できます。

　また、どんなツイートがどの程度リツイートされているかをみることにより、その商品に関する共感を呼びやすいイメージや言葉、場面などがわかります（図17）。

　さらに、補足的ですが、その商品について、多くの回数ツイートしているユーザー、その中で多くのフォロワーを持っているユーザーをみつけることにより、インフルエンサーの同定もできます。

　これらの作業は目視と手作業で行うこともできますが、現在はデータセクション社の「インサイト・インテリジェンス」、トライバルメディアハウス社の「ブームリサーチ」など、Twitterと連携して、

090

図16 ツイートからわかること

○●○●○●○●
@abcdef

暑い日のコカ・コーラは最高！

➡ 「暑い」と「コカ・コーラ」と「最高」には関連がある

◆◇◆◇◆◇◆◇
@ghijklm

オトナはビール！ コカ・コーラよりも

➡ 「オトナ」と「ビール」と「コカ・コーラ」には関連がある

□■□■□■□■
@opqrst

ハンバーガー＆コカ・コーラのコンビ、マジ神！

➡ 「ハンバーガー」と「コカ・コーラ」と「神」には関連がある

 Point それぞれのつぶやきから、コカ・コーラが
どんな場面でどう感じられているのかが読みとれる！

> CHAPTER 2 　情報収集・調査でインサイトを探る

特定の言葉と一緒にツイートされた言葉の集計、言葉と言葉の関係を出力するサービスなどが提供されています。

　これらを活用すれば、自社商品や競合商品がどのようなイメージを持たれているかを知り、ユニークなポジションをとれるコンセプトを考えるのに役立てることができます。

◉ ネガティブなツイートに注目する

　また、商品企画の文脈からは離れますが、これらのツールは分脈を解析することにより、各ツイートがネガティブなのかポジティブなのか判別することが可能です。ネガティブなツイートに注目すれば、商品が直面する問題をいち早く察知することもできます。

　従来であれば、コールセンターに一報が入るまでわからなかった反応を、TwitterなどのSNSを通じてリアルタイムに近いかたちで入手できるわけです。迅速に対応にあたることが可能なので、問題のインパクトを小さくできます。

　現代の消費者コミュニケーションでは、SNSのチャネルを使い、消費者個人と企業担当者が直接的にコミュニケーションをとることが可能です。すでに進行しているコミュニケーションに水を差さないよう、注意深く介入していくことにより、商品企画者は多くの示唆を得たり、問題の早期解決をしたりできます。

　このようにSNSは消費者からの評価や社会の関心を測る格好のツールです。上手く使ってインサイトを拾っていきましょう。

図17 ツイートを検索し、集計するとわかること

❶「コカ・コーラ」が入ったツイートを全部集める

❷「コカ・コーラ」がどんな言葉とともにつぶやかれているかを集計する

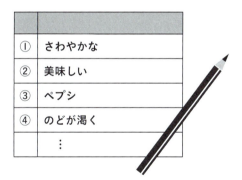

> **Point** ①と②の手順で集計した表は、コカ・コーラに関する消費者が持つイメージの全体を示すデータである

> CHAPTER 2　情報収集・調査でインサイトを探る

No.

10

［調査結果の整理］

調査の結果を
インサイトに変換する方法

調査や観察を重ねると、発見・気づきが蓄積されてきます。最後にそれらを購買したくなるインサイトに変換して、商品企画のタネにしましょう。

● グリーン車のインサイトとは？

JRの一部の列車には、グリーン車が連結されています。一見、裕福な人向けに通勤のストレスを軽減する贅沢なサービスのように感じられますが、それは一面的な見方です。

もし筆者がグリーン車のマーケティング担当であれば、まずは様々な路線の様々な時間帯のグリーン車に乗ってみます。裕福な人以外の目的もみえてくるからです。

多くの乗客は、満員電車の環境ではなかなか難しいと思われることをしています。

例えば、PCで仕事や打ち合わせをしている人は、グリーン車をオフィスの代替環境として活用しているといえます。その消費者が感じる価値として、オフィスへの拘束時間の短縮が挙げられます。さらにその動機を考えると、家族とすごす時間を長くとりたいからかもしれません。

● インサイトから新しい価値を考える

この動機がインサイトです。発見したインサイトから消費者に与える新しい商品やサービスを考えることができます（図18）。

調査結果の1つひとつがいわば商品企画のタネとなるのです。

094

図18 観察結果をまとめてインサイトをみつける

Point 何かを選ぶ理由は、消費者の事情や文脈により意外にたくさんあるもの。観察によってインサイトのアイデアをつかもう！

> CHAPTER 2　情報収集・調査でインサイトを探る

No.
11

［アイデアづくり］
タネを組み合わせて
アイデアをつくる

　ここまでで、インサイトを獲得する筋道を理解されたと思います。ここからはインサイトをアイデアにしていきましょう。

　新商品を企画する場合は、その商品が今までもっていなかった新しさを提供しなければなりません。リニューアル商品の場合は、既存商品との差異や改善点を提供しなければなりません。そのどちらもインサイトを起点に考えていくことができます。

● グリーン車に新しいサービスをつけるなら？

　前項で抽出したJRのグリーン車のインサイトから、新しい企画を考えてみましょう（図19）。

　インサイト1では、グリーン車がオフィスの代替として選ばれていることに着目し、「オフィスに必須でありながらグリーン車にないものは何か？」と考えてみましょう。

　そうすれば、グリーン車に仕事環境をつくるため、コンセントをつける、Wi-Fi環境を整えるなどのアイデアが考えられます。コーヒーのサーブや、プリントサービスがあってもよいでしょう。

　インサイト2も同様に、グリーン車をホテル、寝台車、あるいは国際線の航空機のように利用しているという点に着目します。それらには標準的についており、かつグリーン車にはないものを考えてみます。すると、椅子の背もたれの角度を後ろに傾ける、車掌による目覚ましサービスを導入するなどにより、このインサイトに励起された利用を促進することが得られるでしょう。

096

図19 調査結果からアイデアを考える

インサイト1

観察した事実
グリーン車で仕事をする

インサイト
家族とできるだけ
長くすごしたい

既存の価値
グリーン車をオフィス代わりに
使ってオフィスですごす時間を
短縮する

⬇

「オフィスに必須なのに、
グリーン車にないものは
何か?」

コンセントを
つける 　　Wi-Fi環境を
整える

コーヒーを
サーブ　　プリント
サービス

インサイト2

観察した事実
グリーン車で睡眠をとる

インサイト
自宅で十分に休めないのを
補完したい

既存の価値
グリーン車を
自宅・ホテル代わりにして
睡眠をとる

⬇

「ホテル、寝台車、あるいは
国際線の航空機にあって、
グリーン車にないものは
何か?」

椅子の背もたれの角度を
後ろに傾ける

目覚ましのため、車掌による
アナウンスサービスの導入

> CHAPTER 2　情報収集・調査でインサイトを探る

● インサイトを組み合わせる

　このような要領で、インサイトを充足するアイデアをつくり、それらを組み合わせ、新たに企画する商品の骨子にしていきます。

　さらに、インサイト1と2を同時に満たすなら、車両を眠るためのスペースと作業をするためのスペースに分けるなどのサービスが考えられます。ニーズにあわせて、時間帯によって、仕様の違ったグリーン車を導入してもよいかもしれません。

　もう一歩進めれば、グリーン車を2つのサービスに分け、時間帯別に本数を調整して走らせても面白いかもしれません。

● インサイトでリニューアル商品を企画する

　ここまで紹介した例は、いってみれば新規商品としてグリーン車をコンセプトから考えてみた案件です。たとえコンセプトまでさかのぼらないリニューアル案件でも、インサイト起点の企画の立て方は使えます。

　例えば、ほとんどの通勤時間帯の上りのグリーン車には、立っている人がいます。これは乗車時に選んだ乗降口によっては運不運により座れたり座れなかったりするということです。同じ料金を支払って乗車しているにもかかわらず、得られるサービスレベルに差が発生し、不公平感や不満足感がでる可能性があります。

　ではどうすればよいでしょうか？ アイデアの例は図20をご覧ください。

　このようにインサイトをベースにネタ出しをし、あらゆる組み合わせを出発点に商品企画をスタートしましょう。

図20 グリーン車によって得られる満足度を向上するには？

観察
立っている人がいる

推察
観察対象者が感じていると思うこと

「同じ金額を払っているのに座れない！」
「同じ駅から立っている人がうまく座れた」

インサイト
支払った金額に見合ったサービスを公平に受けたい！

改善のために

案1 立ち席料金の導入

案2 指定席の導入

 Point

インサイトは、コンセプトづくりから改善まで幅広く有用である

> CHAPTER 2　情報収集・調査でインサイトを探る

No.

12

［ユーザー調査③］

利用環境の観察により、
ターゲット像を磨く

　ユーザーが商品を使用する際の環境や利用方法を観察してください。どのような制約や妥協があるか、想定外の使い方はされていないかなど、実際の利用状況に接近することができます。

◉ 観察場所はどこがよい？

　こちらの方法は、調査会社に一貫して頼むか、自社でユーザーを募集して社員が観察するかですが、できれば実際の利用環境を社員が観察できる方法がよいです。

　ただし、自社にユーザーを招いて観察を行う方法は、同じ環境で比較できる一方、回答者とのコミュニケーションの準備が煩雑になります。ユーザーを招いて行う調査では、基本的に1回で知りたいことをすべてカバーする必要があるからです。事前に聞きたい内容、それを引き出すための質問、質問の順序、時間配分などを綿密に決定しておく必要があるのです。このことから、例えば、募集や依頼が不要な友人や社員の自宅で観察を行うというのもよいやり方です。

◉ 利用現場では行動理由を質問する

　前項と本項に共通して重要なことは、あなたが現場でユーザーの行動に気づきや違和感、疑問を持ったときは、**実際にユーザーになぜそのような行動をしたのか聞いてみる**ことです（図21）。

　一般的に、自分のとった行動の理由を説明することは難しいので、ユーザーから論理的かつ明快な返答を得られることはなかなかないでしょう。このとき、安易に結論に飛びついたり、短絡的な解釈をし

100

図21 なぜ？は説明しにくい

例1

Q なぜ座ったんですか？

よく返ってくる答え 疲れているから

想定される実態 たいして疲れてなどいない。そこに椅子があったから、反射的に座った

例2

Q なぜつまみ食いをしたのですか？

よく返ってくる答え おなかが減っていたから

想定される実態 たいしておなかは減っていない。そこにチョコレートがあったから、食べた

 ユーザーの声に注意して耳を傾け、実態を聞きとろう！

> CHAPTER 2 　情報収集・調査でインサイトを探る

たりしないように注意してください。そういう場合は、粘り強くユーザーに寄り添って聞いたり、観察を続けたりして、ユーザーの言葉の意味を熟考してみましょう。

● Ｐ＆Ｇのダウニーシングルリンス

　ユーザー観察によってインサイトを探りあてた有名な事例として、Ｐ＆Ｇのダウニーシングルリンスという洗濯柔軟剤があります。

　『ゲームの変革者』（日本経済新聞出版社）によると、メキシコでは住居用の洗剤であったダウニーのシェアが伸び悩んでいました。そこで同社では購買や利用の現場観察を行ったのです。その結果、その地域では洗濯に必要な水を遠くまで汲みにいっていることがわかりました。そこでＰ＆Ｇはすすぎの回数を１回に減らした商品ダウニーシングルリンスを世に出し、大ヒットを飛ばしたのです。

　このように、ユーザー観察から示唆に富んだ発見があることは間違いありません。

　インサイトを抽出するには（1）「ターゲットユーザーを定義する」（2）「フォーカスグループインタビューなどのユーザーインタビューやユーザー観察などの調査により、特異なユーザーの利用や購買行動とその背景になっているユーザー心理を発見する」（3）「調査結果を一般化し、仮説化する」（4）「仮説に従った利用や購買をしてくれそうなユーザーがどの程度いるか、パネル調査などで量的にたしかめる」という流れで行います。

　この流れを自社のルールによってアレンジし、必要に応じて反復しながら明確なユーザー像をみつけてください。

　ユーザーの商品選択と商品利用の現場に接近すればするほど、次の商品企画へ向けたよいインサイトが得られるのです。図22は、インサイトを獲得する一例です。

図22 観察からインサイト獲得までの流れ

1. 観察

例 ユーザーが洗濯を完了するまでの行動を観察

2. 気づき&質問

例
① 洗剤を押入れに保管しているのはなぜ？
② 小さなボトルに洗剤を小分けにしているのはなぜ？

3. 回答

例
① 洗剤を子どもが触らないようにしている
② 洗剤が大きくて重たいので、小分けにして使っている

4. インサイト獲得

例 **インサイト**
① 子供が触っても安全な洗剤を使いたい
② 軽い洗剤を使いたい

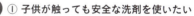

商品アイデア
① 子ども対策でパッケージに開閉するための留め具をつける
② 高濃縮・小容量タイプの洗剤

> CHAPTER 2　情報収集・調査でインサイトを探る

COLUMN　データ分析の思い込み

次の2つのグラフの比較を、皆さんはどう読みますか？

データをどのように比較するかは、その背景や分脈が重要であり、絶対的な正しい読み方は存在しません。しかしここではそういうことはあえて度外視していうと、「神奈川県民のほうが、高頻度ユーザーの割合が少ない」という読み方をした方が多かったのではないでしょうか？

実はこの2つにはもう1つの読み方があります。それは、「東京都民と神奈川県民のファストフード利用頻度の割合にほぼ差はない」というものです。

人間には、2つのものを比較すると無意識のうちにその差を探し、着目する習性があります。

これが前者の読み方を導く原因になっているわけですが、この解釈にもとづいて東京都と神奈川県でマーケティング施策を調整し、違うプログラムを走らせたら、それは合理的でしょうか？

データを見るときは、どこが違うかだけではなく、どこが同じかという視点をもつと、より大局的な知見が得られるでしょう。

CHAPTER

3

アイデアを企画に変換する

01 ターゲットから差別化を図る
02 自社商品と競合商品を比較する
03 コンセプトで刺さる企画にする
04 商品の価値を整理する
05 コンセプトから、名前を考える
06 消費者の心に残したいイメージを考える
07 時代にあわせてブランドを修正する
08 企画内容を購買プロセスにあてはめてみる
09 インパクト予測から、価格を考える

> CHAPTER 3　アイデアを企画に変換する

No.

01

［ターゲットの見直し］

ターゲットから差別化を図る

　前項の要領で企画のアイデアを組み立てたら、ビジネスのインパクトを最大化するために、はじめに定義したペルソナ、プロモーションターゲット、コミュニケーションターゲットを見直しましょう。

　図1のように、インサイトを起点にすると、今まで想定していなかったターゲットがみえることがあります。プロモーションターゲットは、買う可能性がある人すべてに向けてなるべく広く設定するので、ほかのコミュニケーションターゲットに対するプロモーションと似たような、あるいは同じ定義になることもあります。

● アイデアに肉づけをする

　ターゲットの検証を終えたら、アイデアに肉づけをします。ターゲットが、どのような仕組みなら利用したいかというアタリをつけるのです。

　例えば、一般のビジネスパーソンは、従来のお金持ちと同じ値付けで許容してくれるでしょうか？ 経費精算のために領収証発行サービスをつければ、多少高くても許容してくれるでしょう。

　また、サービスを提供する時間帯はどうでしょうか？ 家族とすごしたい人の多くは、平日の朝は遅く、夜は早い時間帯に通勤します。これに対して、睡眠時間を確保したい人は、平日の早朝と深夜の通勤が多いでしょう。

　発見したインサイトによって、企画内容は変わります。インサイトから発見したターゲットが利用したくなる仕組みを考えると、従来商品との差別化を図ることができるのです。

図1 インサイトによるターゲット修正例：グリーン車

		ペルソナ	コミュニケーションターゲット	プロモーションターゲット
初期の想像	ターゲット像	50代。士業。都内在住。快適なことに出費を惜しまないお金持ち	都心型アッパーミドル層	JR該当路線を使う人全員
	施策例	・前との間隔が広いリクライニング座席 ・あまり人が通らない端の車両 ・防音性の高い静かな車内	・駅での交通広告の実施 ・ビジネス誌への広告出稿 ・タクシー内モニターへ広告出稿	スマホ登録を前提とした1回限りの無料クーポン
インサイト1	ターゲット像	40代。千葉在住。家族を大切にするビジネスパーソン	週末重視型ファミリーパパ層	JR該当路線を使う人全員
	施策例	・無料Wi−Fi ・コーヒーの無料提供 ・領収書発行	・ライフスタイル誌へ広告出稿 ・SNSで各地域のコミュニティに向けて出稿 ・企業との提携	スマホ登録を前提とした1回限りの無料クーポン
インサイト2	ターゲット像	30代。藤沢市在住。7時頃に出勤し、終電まで仕事をする層。	24時間臨戦態勢の仕事戦士層	JR該当路線を使う人全員
	施策例	・深いリクライニング座席／静かな社内 ・車掌による目覚ましアナウンス ・定期券サービス	・車内放送 ・駅の売店でのチラシ配布 ・企業との提携	スマホ登録を前提とした1回限りの無料クーポン

> CHAPTER 3　アイデアを企画に変換する

No.
02

［競合の見直し］
自社商品と競合商品を
比較する

　新しいターゲットがみえてくると、一見するとジャンルの異なる
商品と競合になることがあります（図2）。

◉ 楽をしたいお金持ちから考える競合とは?

　ふたたびグリーン車の例で考えると、当初想定した楽をしたいお
金持ちをターゲットとするグリーン車の競合は、同じJRの普通列車
や近似の路線を走る私鉄、タクシーなどほかの交通手段です。
　競合との価格弾力性のグラフを描けば、価格と売上を最適化でき
ます。つまり「楽さ」をお金で買うという消費行動は、楽さのレベル
と価格の高さのバランスにより決定するということです。

◉ 家族との時間を確保したい人から考える競合とは?

　では、家族とすごす時間を確保したい人ではどうでしょうか?
例えば、オフィスで残業している合間に行うスカイプやLINEなどの
コミュニケーションツールが競合としてあげられるでしょう。その
場合、費用が発生しますが、早く帰宅して家族と直接会えるベネ
フィットの大きさを訴求する必要があります。

◉ 睡眠時間を確保したい人から考える競合とは?

　また、睡眠時間を確保したい人の場合は、カプセルホテルも競合で
す。リスティング広告で「カプセルホテル」のキーワードを購入すれ
ば、グリーン車のページをみる人が増えるでしょう。帰宅できるベネ
フィットをもつグリーン車を選ぶ人がでてくるかもしれません。

108

図2 新しい競合がみつかったときに行うこと

●新しい競合をみつけるには？

1. 商品企画案を整理する

- **インサイト**　家族とできるだけすごしたい
- **ターゲット**　週末重視型ファミリーパパ層
- **コンセプト**　移動オフィス「グリーン車」
- **機能**　打ち合せができる車内。Wi-Fiなどのオフィス機能
- **ベネフィット**　通勤時間を仕事にあてられるので、家族とすごす時間が増える

Q このベネフィットを提供しているサービスはほかにあるか？

A 家族との時間を増やすという価値を提供するサービス

（FaceTime、LINE、Messenger（Facebook）などの無料の通話手段がある）

2. 新たに自社商品と競合商品の強み・弱みを整理する

	強み	弱み
ビデオ通話	無料で利用可能	家族一緒にいる温もりは伝わらない
自社商品	実際に家族と触れ合える	利用料がかかる

この強みをユーザーに訴求し、説得しなければならない

> CHAPTER 3　アイデアを企画に変換する

● なぜ競合を見直すのか?

　競合を見直す理由は、メンタルアカウンティングという概念で説明することができます（図3）。人間は何かを支出するとき、たとえ同じ口座・財布から支払っても、その中で心理的な小分けをして、値ごろ感や支出への気前のよさをコントロールしているということです。

　車の商談の最期のステージになって、10万円以上するオプションでオーディオをあまり検討せずに気前よくつけてしまった経験はないでしょうか?

　一方、自分の部屋で使うオーディオを購入する場合は、20万円の機材と30万円の機材を比べて、10万円高いほうをポンと選んでしまうということはあまりなさそうです。

　これは、同じオーディオを買う場合でも、車につける場合と自宅で使う場合では、価格感度も財布の出所も違うことを意味しています（車のオーディオ＝車に小分けした財布、自宅のオーディオ＝趣味の財布）。

　つまり、オーディオメーカーは、次の気づきとインサイトを得て、競合を修正したということでしょう。

気づき１：音楽は、１人でいる時間を彩る貴重な存在である
気づき２：車中は、１人でいられる貴重な時空間である
インサイト：１人になれる空間である車内で、音楽を聴きたい

　「車は個室の拡張である」というアイデアを考え、「趣味ではなく車を買うお財布を狙う」という戦略に到達したということになります。当初想定していた自宅向けの市場で競合と戦っていたら、それよりも遥かに気前のよい車向けの市場のカーステレオを見逃すところでした。

110

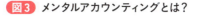

> CHAPTER 3　アイデアを企画に変換する

No.
03

［コンセプト］
コンセプトで刺さる
企画にする

　タネを軸に商品企画のアイデアが固まってきたら、それをコンセプトにまとめましょう。

● コンセプトとは？

　コンセプトとは、企画する商品やサービスの核を言語化したものであり、その商品に関連するすべてのことはコンセプトに沿うように設計されます。

　コンセプトの重要さを説明するのに、1つのたとえ話を紹介しましょう。

　ある資産家が自分の所有する土地にカフェをつくろうとしており、その内装や外装を空間デザイナーに依頼していると想像してみてください。

資産家：椅子は赤くして、壁は黒くして、それで、歴史の重みを感じ
**　られるデザインがいいんだよね。**
デザイナー：承知しました。

　デザイナーは、資産家の依頼内容から、資産家のオーダーは古代中国風の絢爛豪華な空間だと理解し、中華皇帝の私室のような空間を提案しました。

　すると資産家氏の反応は「何これ？」という思わしくないものでした。

　そこで、資産家にさらに話を聞いてみると、「中華皇帝の私室というアイデアは全然自分のオーダーと違う、自分の考えていたのはイ

112

図4 なぜコンセプトは有用か？ ①

人
快活な
コミュニケーション

椅子
くつろげる

COFFEE

スターバックス

コンセプト
第3の場所

BGM
心地よさ中心の
セレクション

空間
人がひしめき
あわない余裕の
あるレイアウト

人
？

椅子
？

普通のカフェ

コンセプト
なし

BGM
？

空間
？

Point コンセプトがないと、あらゆることをいちから
決めなければならず、逐一整合性を
たしかめなければ、細部の決定がとても大変

> CHAPTER 3　アイデアを企画に変換する

タリア風の空間であり、黒や赤といったのは、さしずめフェラーリが
カフェになったら、というような空間を想定していった」ということ
でした。デザイナーは、早速作業をやり直し、なんとかことなきを得
ました。

　この話のポイントは次のことです。
　資産家はなんとなくフェラーリみたいなイメージをもっていなが
ら、それをコンセプトというかたちで言葉にせず、椅子や壁のディ
テールで空間デザインを発注しました。誤解したデザイナーは、自分
の中で「中華皇帝の私室」というコンセプトをつくり、それに則って
提案しました。そして、資産家の意図には沿わない提案でしたが、
「中華皇帝の私室」という言語化されたコンセプトがあったので、資
産家は自分の中にあった曖昧なイメージが「イタリア風→フェラー
リ」であったと言語化できたのです。これにより時間はかかったもの
の、自分のイメージにあう空間が得られました。
　もしデザイナーが「中華皇帝の私室」というコンセプトを提示しな
かったら、ずっと好き嫌いにもとづく水掛け論が続き、デザインは確
定できなかったでしょう。もっとも、資産家が最初からフェラーリと
いうコンセプトを提示できていたら、提案のやりとりはスムーズに
完了したのですが……。

　商品企画のプロセスの中で、いろいろな人がかかわり議論してい
るうちに、当初のアイデアや着想と段々離れてしまうことがままあ
ります。そういうことを避けるためにコンセプトをきちんと定めて
おくのです。また、商品の発売後、消費者とコミュニケーションする
ときも、コンセプトが定まっていると誤解のないメッセージを発信でき
ます。
　これが、コンセプトの力です（図4・図5）。

114

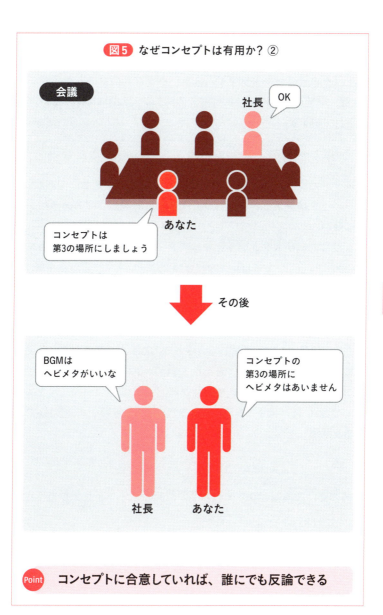

> CHAPTER 3　アイデアを企画に変換する

　一般的には、消費者と商品の関係を比喩的に表現するとよいコンセプトになる可能性が高くなります。例えば、スターバックスの「第3の場所」はその代表的な一例です。スターバックスのホームページには「家庭、職場や学校等の間に位置する第3の生活拠点になりたい」と記されています。

◉「第3の場所」はコンセプトとしてなぜ優れているか

　スターバックスは顧客にコーヒーを提供しています。であれば、コーヒーを提供するという特徴を比喩的に表現して、スターバックスは顧客にとっての「バリスタ」ともいえるのでしょうか？

　しかし、バリスタという比喩はスターバックスと顧客の関係を的確にあらわしているとはいえないと筆者は思います。なぜならば、スターバックスは単にコーヒーを提供するだけではありません。ソファなどの調度品やBGMなどの店内環境、快活な接客なども重要な商品の一部で、快適な経験を提供しています。顧客が経験を重ねる何らかの「場所」のほうが適しているといえます。消費者が感じる温かい気持ちが、この言葉には乗っていないからです。

　コンセプトを考えるときは、「バリスタ」のように一面的なコンセプトではなく、「第3の場所」のように全体をあらわすコンセプトを考えるようにしましょう（図6・図7）。

◉グリーン車のコンセプトは？

　例えば、本章図1のグリーン車の例で、コンセプトを考えてみます。

　インサイト1のほうは、「グリーン車でPC作業をしたり打ち合わせをしたりする」という方なので、次の例のようなペルソナが設定できます。

116

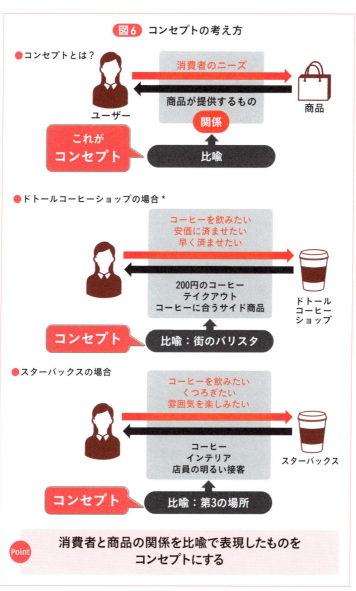

*ドトールコーヒーショップとスターバックスのコンセプトは筆者の所感です。

> CHAPTER 3　アイデアを企画に変換する

ペルソナ　：湘南在住。都心勤務のビジネスマン。40歳。既婚。小
　　　　　　学生の子ども2人をもつ
コンセプト：動くオフィス

　コンセプトに沿って、オフィスで提供される機能をグリーン車に
実装すれば、サービスレベルを高くできそうです。前項で考えたサー
ビス以外にも、グリーン車の利用者専用のインターネットページで
ニュースや為替の情報を提供する、椅子にマッサージチェアの機能
をつけるなどもよさそうです。反対に、酒類の提供は、オフィスで飲
酒することがないことを考えると適切ではないでしょう。
　インサイト2のほうは、「グリーン車で眠りたい」という方なので、
次のようなペルソナが設定できます。

ペルソナ　：湘南の親元から都心に通うビジネスマン。未婚。40歳。
　　　　　　長時間労働者
コンセプト：動くリラクゼーションサロン

　コンセプトに沿ってみると、前項のサービス以外に、アイマスクや
毛布類の提供なども考えられます。リラックスできるアロマオイル
を使うのもよいでしょう。髪型などを整えるために洗面所を充実さ
せるのも重宝しそうです。また、コーヒーサーブやマッサージチェア
機能は、インサイト1と共通で評価されそうです。

　このように、コンセプトを軸に、実装させる機能・サービス・仕様を
つめていきましょう。コンセプトは、商品企画の軸になります。

118

図7 コンセプトを軸に、機能・サービス・仕様をつめる

● スターバックスの場合

コンセプト：第3の場所

Q 家庭とオフィスの間の環境である第3の場所は、どうあるべきか？

A 検討すべき要素を考える

要素：安らげる
- ソファ
- 落ち着いた色

要素：心地よい
- センスのよい
  時代に合った音楽
- 店員の明るい接客

要素：自分向けの商品
- カスタマイズできる
  メニュー

要素：邪魔するものがない
- 禁煙
- 強い臭いの
  フードはない

Point コンセプトから消費者が商品を買うときの要素を
いくつか考え、それぞれに結びつく機能・サービスを
まとめる。足りないものがあれば、追加する

> CHAPTER 3　アイデアを企画に変換する

No.
04

［バリュープロポジション］
商品の価値を
整理する

　コンセプトで機能を決めただけでは、商品企画に必要な要素は満たされません。商品が消費者に与える具体的な便益や価値から、商品のロゴなどを考えなくてはなりません。

● 商品のバリュープロポジションとは？

　コンセプトが決まったら、商品のバリュープロポジションを組み立てましょう。バリュープロポジションとは、その商品のみが提供できる（顧客が顕在的・潜在的に求める）価値の設計図のことです。

　コンセプトという決めごとをしたうえに、さらにバリュープロポジションを決めなければならないのはなぜだと思いますか？

　コンセプトとバリュープロポジションの違いから考えてみましょう。

　バリュープロポジションは、コンセプトと同様に、商品・サービスを企画する中で、その方向性をきっちりと定めるためのものです。コンセプトと比べて枝葉に相当する要素を定義し、コンセプトと対になることにより、商品・サービスの性格や内容を決定づけます。

　また、コンセプトは時代やターゲットの変化があっても不変ですが、バリュープロポジションの中身は（その項目の性質にもよりますが）ビジネス上の要請により変わります。

　スターバックスを例にとって考えてみると、かの店舗には「第3の場所」というコンセプトがあることにより「快適な椅子があるべきだ」「店員は顧客が気持ちよく感じられるようコミュニケーションに

120

図8 コンセプトだけで足りるか？

人	椅子
快活なコミュニケーション	くつろげる

BGM	空間
心地よさ中心のセレクション	人がひしめきあわない余裕のあるレイアウト

スターバックス

コンセプト
第3の場所

しかし……

空間の色は？　　空間の香りは？

芸人のような快活さ
or
ホテルのような快活さ

 Point
コンセプトは強力だが、もう一段具体的な
疑問に答えてくれる補完要素も必要。
→バリュープロポジション

> CHAPTER 3　アイデアを企画に変換する

心を砕くべきだ」などといった方針が演繹されますが、単に快適と
いってもソファーベッドのような快適もあれば、人間工学に則った
疲れない椅子のような快適さもあります。椅子の色を選ぶ基準も第
３の場所だけではわかりません（図8）。気持ちのよいコミュニケー
ションといっても、積極的に顧客と会話するスタイルもあれば、でき
るだけ顧客をそっとしておき、パーソナルな時間を保証するような
考え方もあります。

　このように、コンセプトだけでは決めきれない要素を補完的に定
義するために、例えば「情緒的価値＝リフレッシュできる」「ブラン
ドカラー＝緑と茶色」「パーソナリティ＝親密でフレンドリー」など
をバリュープロポジションとして決め、企画に活かしていくのです。
　商品（ひいてはブランド）のバリュープロポジションを定義するフ
レームワークには、たくさんの種類がありますが、本書では広告代理
店の電通が開発した「電通ハニカムモデル®」を紹介します。このモデ
ルでは商品の価値を次の７つの要素に分類し、定義します。
　商品を擬人化してその性格や個性を定義するPersonality、ペルソ
ナと同義の理想・顧客像であるIdeal Customer Image、商品の機能的
な価値を定義したFunctional Benefit、商品がもたらす情緒的な価値
を定義したEmotional Benefit、ロゴ、色、タグラインなどのSymbol、
その商品、ブランドを顧客が信頼するに足る根拠となるBase of
Authority、そして商品が顧客に約束するもっとも重要な価値である
Core Valueの７要素です。
　これらの要素を、他社と差別化した機能や仕様やアイデアをベー
スに、定義したペルソナ（Ideal Customer Image）の視点で言語化・
構築していくのです。
　図9ではマクドナルドを例にとっています。このように、皆さんも
商品の価値の言語化を試みてみましょう。

図9 バリュープロポジションの例

●電通ハニカムモデル®を用いたマクドナルドのバリュープロポジション

象徴するもの (Symbol)
- ビッグマック
- サウンドロゴ

信頼できる根拠 (Base of Authority)
- 歴史
- 世界最大のファストフードチェーンだという事実

情緒的な価値 (Emotional Benefit)
- 子どもが喜ぶので、自分も嬉しい
- 家族で同じ時をすごせる温もりがある

象徴的な利用価値 (Core Value)
- 日曜日の朝に家族で美味しい時をすごせる

機能的な価値 (Functional Benefit)
- どこでも同じ味
- 安価
- 安全
- 清潔

人的性格 (Personality)
- 温かい
- 茶目っ気がある
- 気さくである

ペルソナ (Ideal Customer Image)
- 郊外に住む主婦
- 4歳と1歳の子どもをもつ
- 世帯年収は400万円

 Point : **商品企画は、バリュープロポジションの定義をもとに行う**

*マクドナルドのハニカムモデルは筆者の所感です。

> CHAPTER 3 アイデアを企画に変換する

No. 05 ［ネーミング］ コンセプトから、名前を考える

　企画の適切な値付けや期待できる売上について目星がついたら、商品の名前を考えましょう。

● なぜ名前が重要?

　人は名前と名前が示す対象の特徴・属性をワンセットで記憶し、理解します。名前は、商品の特徴やコンセプトをあらわす消費者へのメッセージになると同時に、企画した商品を社内で認知させ、独立した施策としての地位を獲得するためにも必要なのです。

● ネーミングの考え方

　ネーミングは、コンセプトから発想をはじめることをお勧めします。もしくは、違うカテゴリーの中で、その商品に似ているものを考え、そこから着想するというのもよいと思います。

　ではグリーン車の例で、名前を考えてみましょう。

　動くオフィスというコンセプトであれば、オフィス滞在時間の短縮という動機と通勤列車のプレミアムサービスであることをあらわせて、かつ覚えやすくキャッチーであることが必要です。

　例えば、フレックスタイムから着想した「フレックスオフィス」などが考えられます。動くリラクゼーションサロンというコンセプトならば、仮眠を横文字で「シエスタサルーン」とあらわしてもよいでしょう。

　企画の性質や実体をよくあらわせるように、名前を考えてください。

124

図10 よいネーミングとは?

●ネーミングのチェックリスト

- ☑ **いたずらな横文字になっていないか?**
  日本語にしたとき、意味が通じない横文字はNG

- ☑ **ほかとの差がわかりづらくないか?**
  グレート○○、トップ○○、MAGIC○○というような形容詞を使いたくなるが、本当に意味があるのかを考える

- ☑ **説明がなくても伝わるか?**
  数字の羅列、頭文字をとった用語などは伝わりづらい

●よいネーミングの考え方

既存サービスから連想されるのを利用して	和のテイストで
プチ寝台列車グリーン	**朝寝夕寝**

コンセプト：動くリラクゼーションサルーン

仮眠という感覚を横文字で	少しユーモラスに
シエスタサルーン	**休眠確保**

Point　名前が本質をあらわしていれば、コンセプトをもとにしたよい名前である証拠

> CHAPTER 3 アイデアを企画に変換する

No.
06

［ブランド構築①］
消費者の心に残したい
イメージを考える

　第1章でブランドが商品を選択する理由になるという話をしました。ここで少しそのブランド構築について考えてみます（図11）。
　ブランドとは、ある商品、企業、サービスあるいは人物などについて、世の中の人が抱いているイメージの総体です。

● ブランドのバリュープロポジションとは？

　前述したように、商品やブランドを企画するときは、バリュープロポジションを定めます。
　商品企画の観点からは、バリュープロポジションに沿った仕様の商品を世に出すのが目的です。しかし、ブランド構築の観点からは、商品や企業について人がもつ多岐にわたるイメージを把握したり、変化を見たりするために、これらのイメージをグルーピングして項目としてまとめるという意味があります。
　ブランドや商品について顧客がもち得るイメージは、1つひとつ数え上げていったら何百何千という数に上り煩雑なので、それらを概念的にまとめ、把握・管理しやすくするということです。

　一般的にコミュニケーション、プロモーションなどのマーケティング活動は、バリュープロポジションに定義されていないことは発信しないという原則で行います。バリュープロポジションがあれば、商品に関して一貫した内容で発信できるため、消費者に商品イメージが蓄積・定着していき、ブランドが出来上がるのです。

図11 ブランドをつくる理由

ブランドの後押し	消費者のマクドナルドに対するイメージ例
聞いたことがあるから選ぶ	旅先では知らない食堂よりも、マクドナルドのほうが安心できる
便益を知っているから選ぶ	マクドナルドなら安いし、味も美味しい
自分の一部になっているから選ぶ	子どもたちがマクドナルドに行くと楽しそうだから、私も嬉しい
安全・安心だから選ぶ	マクドナルドは大企業だから安心できる

 ブランドは消費者の選考を後押しする

> CHAPTER 3　アイデアを企画に変換する

No.

07

［ブランド構築②］

時代にあわせて
ブランドを修正する

　ブランド構築というのは、ゼロから理想的なブランドをつくるだけではありません。ブランドは消費者の心の中にあり、バリュープロポジションの定義は企画者の机にあります。ブランド構築は、企画者が消費者の心の中にあるブランドを、自分の机の中にあるバリュープロポジションに近づけていく作業（図12）だといえるでしょう。

　顧客が商品についてもっているイメージの中には、企画者の意図しない、不本意なイメージも含まれていることもあります。

　例えば、コカ・コーラは骨が溶ける、コカインが入っているなどの都市伝説があります。これらはもちろんバリュープロポジションとはかけ離れた内容であり、明らかな誤解で、ブランドにとって好ましいイメージではありません。

　ブランドは、バリュープロポジションにあわせて望ましくないイメージを修正する必要があるのです。

● バリュープロポジションも修正する

　また、1つのブランドが市場の中で何十年も君臨することは簡単ではありません。それは消費者の嗜好が変化したり、競合する相手が変わったりすることにより、それまで守り続けたバリュープロポジションが競争上通じなくなることがあるからです。

　このような場合は、望ましいポジショニングを維持するためにも、競争環境の変化に応じて、バリュープロポジションに必要な修正を加えていくこともブランドマネジメントの重要な要素でしょう。

128

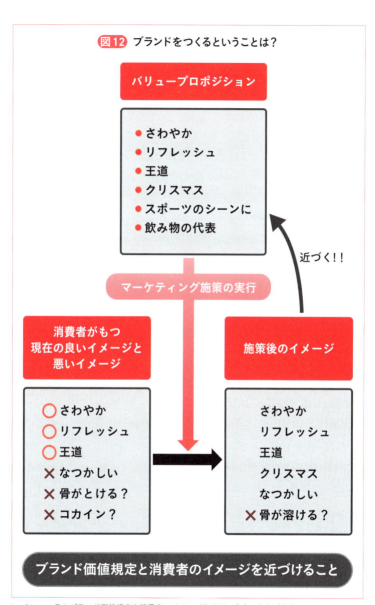

図12 ブランドをつくるということは?

*コカ・コーラのブランド価値規定や消費者のイメージなどは、事実にもとづくものではありません。

> CHAPTER 3　アイデアを企画に変換する

No.
08

〔カスタマーデシジョンツリー〕
企画内容を購買プロセスにあてはめてみる

　ペルソナの設計、インサイトにもとづくアイデア出し、コンセプト設計、バリュープロポジションの定義という流れを踏んできたあなたの商品企画は、もう大詰めを迎えています。

　ここで一度、これまでの企画内容をユーザー目線で購買プロセスにあてはめて見直しましょう。そうすることで、机上の企画が実際の購買行動に変換されるかというシミュレーションができますし、企画の完成度をさらに高めるアイデアが得られることもあります。

● カスタマーデシジョンツリーとは？

　消費者は、代替性のある商品同士を様々な基準で比較して、最終的な選択を行います。基本的には、基準から先に取捨選択していきます。消費者が商品を選ぶ基準を取捨選択する構造を図式化したものが、カスタマーデシジョンツリーです。

　右のページに、筆者のペットボトルのお茶のカスタマーデシジョンツリーをつくってみました。

　左から順に、筆者がお茶を買うときは、①「容量」、②「トクホかどうか」、③緑茶、烏龍茶などの「その日の気分にあった味とフレーバー」、④「パッケージ」、⑤「価格」の順序でふるい分けています。

　ふるい分けしているそれぞれの理由は、個々の商品を峻別する差異であり、差異の中のどの要素が選好により大きな影響があるのかを考え、順序づけていくのです。

　購買理由を考えるときは、「私ならどうするか？」ではなく、「ペル

図13 筆者が1つの商品を選択するまでの流れ

●「のどが渇いた！」と思ったペルソナが感じたときの商品選択例

Q.0 飲んだあと持ち歩けるか？
- 缶
- ビン
- **ペットボトル**

*これは、飲料の購買欲求が発生した状態とともに自動的かつ無意識に決定する事項です。

Q.1 容量は？
- 250ml
- **500ml**
- 1000ml
- 2000ml

Q.2 健康によいか？
- **トクホ**
- 健康によい成分入り
- とくになし

Q.3 味とフレーバーは何がよいか？
- **緑茶**
- 中国茶
- ブレンド茶
- コーラ
...

Point ペルソナが大切にしている順番に選択条件を列挙する

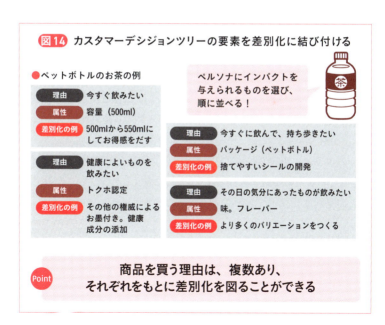

図14 カスタマーデシジョンツリーの要素を差別化に結び付ける

●ペットボトルのお茶の例

ペルソナにインパクトを与えられるものを選び、順に並べる！

- 理由：今すぐ飲みたい
- 属性：容量（500ml）
- 差別化の例：500mlから550mlにしてお得感をだす

- 理由：健康によいものを飲みたい
- 属性：トクホ認定
- 差別化の例：その他の権威によるお墨付き。健康成分の添加

- 理由：今すぐに飲んで、持ち歩きたい
- 属性：パッケージ（ペットボトル）
- 差別化の例：捨てやすいシールの開発

- 理由：その日の気分にあったものが飲みたい
- 属性：味。フレーバー
- 差別化の例：より多くのバリエーションをつくる

Point 商品を買う理由は、複数あり、それぞれをもとに差別化を図ることができる

> CHAPTER 3　アイデアを企画に変換する

ソナならどうするか？」と考えてください。前項の手順で定義したペルソナに感情移入して購買理由を考えるのです。

消費者の選択する理由を考え、それを自社商品だけの特徴にすれば、その理由による購買を占有できます。

● ユニークなアイデアで勝った「花王のトクホ飲料」

つまり、商品企画とは消費者に自社製品を買ってもらうために、できるだけユニークな差別性のある理由をアイデア出しし、それを実際の自社商品に結びつける作業であるといえます。

花王が清涼飲料水で初のトクホ対象商品（ヘルシア）を世に出したときは、大変なインパクトがありました。現在、トクホの清涼飲料は各社の開発により大分増えましたが、依然健康によい飲料として高い価格で売買されています。こうして見るとトクホ認定というのは、消費者に選んでもらうのに、また、高い価格が承諾されるようなユニークで差別性のある「理由」であるといえるでしょう。

ほかにも、ペットボトルにダイレクトに口をつけて飲むとボトル内で細菌が繁殖し、せいぜい1日で飲み切らないといけないのですが、形状などの技術的な工夫により口をつけても細菌が繁殖しないペットボトルが開発されたらとてもユニークで、差別化できそうです。

このように、現行の商品に想定されていない理由を実装すると、ほかでもなくあなたの商品を選ぶ理由を消費者に与えられることになり、市場での差別性を獲得できることになるのです。

最後に、カスタマーデシジョンツリーは、購買理由を列記するだけではなく、きちんと図13・図14のように図式化しましょう。そうすることにより、商品選択上、どのような事項がどの程度のインパクトを持つ可能性があるのかを整理できるとともに、社内で商品の特徴を説明・共有できる便利なツールにもなります。

図15 差別性のある理由の考え方

自分やまわりの人に2つの質問をしてみよう

Q このカテゴリーの中では、何を買う？ それはどうして？

Q 商品Aと商品Bと商品Cと商品Dを比べたら、どこが違う？

お茶ならなにを買う？

おーいお茶、綾鷹、伊右衛門、生茶ってどこが違う？

A おーいお茶！ 苦みが好きだし、お茶の元祖って感じがするから

A 綾鷹は濃厚で、伊右衛門は比較的甘味があって、生茶は香りがいい気がする

Point この答えを収集し、組み合わせていくと、調査したカテゴリー内で選ばれる商品とその理由が見えてくる。その後、ペルソナに感情移入して、選択理由の優先順位を考えよう

＊お茶の味のコメントは、例であり、事実とは異なる可能性があります。

> CHAPTER 3　アイデアを企画に変換する

　カスタマーデシジョンツリーについて、2点の注意事項があります。

● ペルソナの購買理由になっているか?

　まず、ターゲットによって、購買理由が違ってくるということです。
　前述の例でいえば、筆者は普段から飲みすぎや食べすぎの傾向が
あるので、贖罪意識を感じられるトクホであることが上位の条件に
なっています。しかし、家計を重視する家庭の主婦であれば、トクホ
かどうかなどは、まったく関心の対象ではないでしょう。
　本当に設定した購買理由が設定したペルソナのものなのか確認す
るようにしましょう。

●「好き」を獲得するには?

　次に、カスタマーデシジョンツリーに含まれない要素に「好き・嫌
い」があるということです。ネーミング・イメージ・パッケージなど
のブランド要素に対しての「好き・嫌い」は、ペルソナによって違っ
てきます。「好き」を押さえるためには、ペルソナの好むブランドを
設計することが必要になってきます。

　以上の2つの注意点を念頭に置き、できればペルソナに近いタイ
プの人にデジジョンツリーに対するレビューをもらい、ブランド要
素についても検討するとよいでしょう。
　実際には、商品はもう少し大雑把に購入されます。筆者も、2つの基
準を同時に評価したりすることもあれば、異なる基準の評価を行っ
たり来たりすることもあります(図15・図16)。
　とはいえ、明確な道しるべがなければ、社内やチームで同じ方向を
向いた仕事ができないので、図式化による整理はやる価値がありま
す。購買理由を自分で整理したあとは、社内やチーム内でも意見をも
らいましょう。新しい視点の購買理由がみつかるかもしれません。

134

図16 ペルソナによって変わるカスタマーデシジョンツリー

筆者の場合

Q.0 飲んだあと持ち歩けるか？	Q.1 容量は？	Q.2 健康によいか？	Q.3 味とフレーバーは何がよいか？
缶	250ml	**トクホ**	**緑茶**
ビン	**500ml**	健康によい成分入り	中国茶
ペットボトル	1000ml	とくになし	ブレンド茶
	2000ml		コーラ

＊これは、飲料の購買欲求が発生した状態とともに自動的かつ無意識に決定する事項です。

やりくり上手な主婦の場合

Q.0 容量は？	Q.1 価格は？	Q.2 値引きは？	Q.3 味とフレーバーは何がよいか？
250ml	**90円**	**100円→90円**	**緑茶**
500ml	90円	なし	中国茶
1000ml	100円	なし	ブレンド茶
2000ml	150円	なし	コーラ

Point

ターゲットが違えば、選択もまったく違う。
「好き」「嫌い」は、ペルソナに近い人物に
レビューをもらい、検証しよう

> CHAPTER 3　アイデアを企画に変換する

No.
09
〔PSM分析〕
インパクト予測から、価格を考える

　前項までで商品のコンセプトと仕様がまとまったら、次は実際にその商品を世に出したときのインパクトを考え、予測してみましょう。

　そもそも、インパクトとはなんだと思いますか？

　世の中に与える驚きの大きさや、それによる話題の総量などもインパクトと呼ばれる事項ですが、本書では商品企画というビジネスの文脈を扱っていますので、次の2点がインパクトにあたります。

(1) 商品はいくらなら買ってもらえるか
(2) 特定の価格で何人くらいの人に買ってもらえる可能性があるか

　これを求める方法として、PSM（Price Sensitivity Measurement）分析という調査があります。
PSM分析とは、価格感度測定のことです。まず、十分な数のユーザーに対し、ある商品について次の4点を聞きます。

1. 高くはないと思い始める価格
2. 安くはないと思い始める価格
3. これ以上は高すぎると感じる価格
4. これ以下は安すぎると感じる価格

縦軸を1〜4と感じる人の割合、横軸を1〜4の価格のグラフにします（図17）。

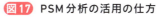

図17 PSM分析の活用の仕方

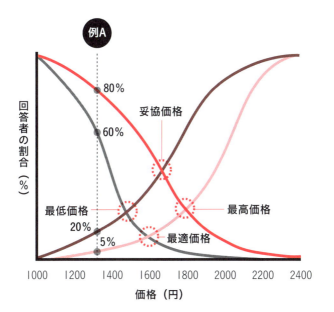

最高価格……高すぎると思う価格と高くはないと思う価格の交点
最低価格……安くはないと思う価格と安すぎると思う価格の交点
妥協価格……安くはないと思う価格と高くはないと思う価格の交点
最適価格……高すぎると思う価格と安すぎると思う価格の交点

消費者に価格についてアンケートをとり、グラフにまとめてみる

> CHAPTER 3　アイデアを企画に変換する

◉ 価格の決め方

図17のグラフからは、次の4つの価格が読みとれます。

最高価格は、それ以上に高い値付けをすべきではないという上限価格です。

最低価格は、その逆で、それ以上安い価格をつけても品質への不安から需要が上がらなくなってしまう価格です。

妥協価格は、これなら買ってもよいと感じられる価格です。いわゆる値ごろ感と呼ばれる点がこの妥協価格です。

最適価格は、安すぎて品質に疑問が残る、あるいは高すぎて買うのに抵抗があるといった心理的抵抗が最少となる価格であり、いわば消費者にとってもっとも好ましい価格です。通常は妥協価格よりもやや安い価格に収まります。

この4つのうち、

最低価格＜実際の価格＜最高価格

となるように、**最適価格を参照して値付けをする**というのがセオリーです。

◉ PSM分析の結果でわかること

それぞれの価格における回答の分布により、最適価格は購入ユーザーが最大にならないことがあります。その場合は、「高すぎると思うユーザーの割合＋安すぎると思うユーザーの割合」を計算し、それが最小になるポイントを最適価格として参照しましょう。

買ってくれそうな人数のアタリをつけるための計算にも、このPSM分析は参考になります。なぜなら、商品に反応してくれそうにない人、してくれそうな人の割合が、価格ごとにわかるからです（図18）。

138

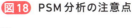

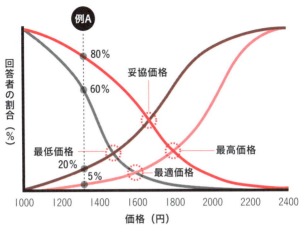

— 高くはないと思う	— 安すぎると思う
— 安くはないと思う	— 高すぎると思う

解説

例Aの価格を見ると、
80%のユーザーが高くはないと感じる一方で、5%が高すぎる、
20%が安くはない、60%が安すぎると感じていることがわかる。

可能性として、
80%－60%＝20%　　高くないし、安すぎもしないと感じるグループ
20%－5%＝15%　　安くはないが、高すぎないと感じるグループ

この2つのグループの購入可能性があり、特に前者は有望

PSM分析で4つの曲線のバランスをみながら、価格と購入者の規模を判断しよう

> CHAPTER 3　アイデアを企画に変換する

● PSM分析の注意点

ここで注意しなければならないことがあります（図19）。

まず、**必ず全員が予測通りに反応してくれるわけではない**ということです。PSM分析では、全員が商品の価格を知っているという前提で調査しますが、実際のビジネスでは、反応してくれる人全員に、同時に告知することはできないため、浸透して利用されるには時間がかかります。

人が何か行動をとる前には、認知や興味が励起される必要があります。そして、認知や興味は、競合環境・マーケティング施策の量や質で変わります。PSM分析では1つの商品について様々な価格を評価します。しかし、実際の購買環境では複数の商品間で価格を比較・評価するという違いがあり、人が調査結果と同じ判断をするとは限らないのです。

それに加えて、**PSM分析は基本的に1つの商品に関する調査です**。それに対して、実際の購買行動は（1つの商品の絶対的な価値評価ではなく）複数の商品間で相対的に比較される、というポイントも重要です。

つまり商品の売れ行きは市場におけるポジショニングや競合の値付けにも左右されるので、それを考慮した値付けが大切であるということです。

この不確実性を回避するためには、小規模なテスト導入をして市場の反応を観察する手法が有効です。

第4章で詳しく考えていきましょう。

図19 PSM分析の注意点

● 調査は同時に価格を知るが、実際の認知の形成は段階的！

解説

PSM分析で、「30%の人が買ってくれそうだ」という結果がでても、実際のビジネスでは、30%の人に認知させるにはリードタイムが必要

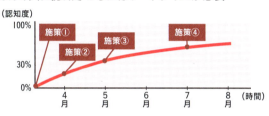

● 調査は単品での結果！

解説

競合の値付けや特売により、実際の選択にはズレが生じる

いつものとは違うけど、特売品にしよう

Point 調査結果とビジネスの現実をバランスよくみて、もっとも消費者の選択に効果的な値づけをしよう

> CHAPTER 3　アイデアを企画に変換する

`COLUMN` 差別化と現状維持

　会議などでコミュニケーションについて「去年は何をやったっけ？」「競合は何してるんだっけ？」と聞かれることがあります。それらが成果をだしていると、さぁ大変。「同じことをやるべき」「対抗しなくては！」といった論調になりがちです。しかし、冷静になってみれば、どちらも二番煎じ。去年以上の成功にはならないのです。

　人間には、現状を維持したいというバイアス・傾向があります。行動経済学の名著、ダニエルカーネマンの『ファスト＆スロー』（早川書房）で次の実験が紹介されています。

> 　2クラスの学生にアンケートに答えてもらう間、謝礼の品を各自の前に置いておく。片方のクラスは高価なペン、もう一方のクラスは（ペンと同価値の）スイス・チョコレートである。
>
> 　そして実験終了時にもう1つの品物をだし、希望者はこちらと交換できますと告げる。
>
> 　だが、交換を希望した学生は10%程度にすぎなかった。
>
> 　ペンをもらった学生はそれを手放したがらなかったし、スイス・チョコレートでもそれは同じだった。

　全員が論理的に判断したら、チョコからペンに交換を希望する人が10%いたなら、その反対にペンからチョコに交換を希望する人は90%いたはず。しかし実際は、10%しかいなかった。これは現状維持バイアスの典型的な事例です。

　ビジネスマンは差別化が大事であると教わりながらも、時にバイアスの罠に落ちてしまいます。皆さんもどうかお気をつけて。

CHAPTER

4

―

テストマーケティングをする

01 新商品のニーズの有無を探る

02 開発チームを巻き込む

03 消費者の反応から、改善する

04 試作品がなくてもできるテスト方法

> CHAPTER 4 テストマーケティングをする

No.
01 ［テストマーケティングの必要性］
新商品のニーズの有無を探る

　ここまでのプロセスで、みなさんは調査を重ね、アイデアを練り、商品の内容、価格、名前などを考えてきました。

　ところで、消費者はあなたの思惑通りに反応するでしょうか？商品を世に出す前に、いくつか考慮したほうがよい点があります。

◉ 自社商品と戦っていないか？

　まずは**自社ビジネスとの共食い（カニバリゼーション）**です。飲食店で新発売したメニューがたくさん売れたとしましょう。しかし、企画者が成功の美酒に酔うのは早計です。なぜなら、新メニューの売上が既存メニューの売上からの移行かもしれないからです。

　新商品をだしたときに、ビジネス全体の売上が伸びるか、既存商品が大きくへこまないか、といったことを知る必要があります。そうしないと、新商品を導入するメリットの有無がわからないからです。

　図1のグラフをみてください。

　新商品発売前には、既存商品のみでの1億円の売上があります。一番左のグラフは、発売後に既存商品の売上をそのまま維持し、新商品による売上が3000万円増えているため、新規獲得できている成功例だと判断できます。

　これが真ん中のグラフだと、既存商品と新規商品の総売上は従来よりも増えています。しかし、既存商品の売上が減少しており、新商品と既存商品の間でカニバリゼーションが発生しているようにみえます。正式導入の前に、利益面からみても妥当性があるか検証しましょう。

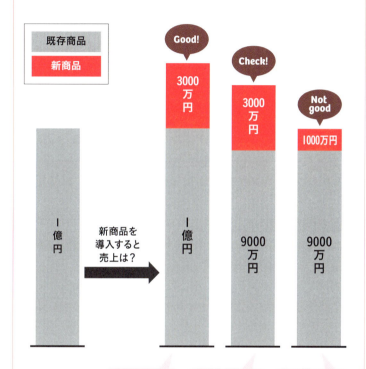

 新商品と既存商品が競合していないか、確認しよう

> CHAPTER 4　テストマーケティングをする

　一番右のグラフは、新製品の発売前後で総売上が同じです。既存商品の売上が新規商品の売上に移動したようにみえます。

　売上を評価するときは、このように、新商品だけに着目するのではなく、ビジネス全体を俯瞰するようにしましょう。

● 消費者は想定通りに行動するか？

　次に**机上リサーチと実際の消費者の行動には違いがある**ということです（図2）。人の行動や意思決定はいつも論理的で一貫性があるわけではなく、そのときの気分やバイアスに左右されます。反応の違いが観察されたら、必要に応じてカスタマーデシジョンツリーやバリュープロポジションを修正し、企画の精度を高めましょう。

　商品を正式に世にだしてからこれらに気づくと、傷口が大きくなり、軌道修正が大変です。そこで**テストマーケティングを行い、事前にできるだけたくさんの事態を想定しておく**のです。

　テストマーケティングには、商品サンプルの評価を消費者に問う調査や、限られた範囲で新商品を小規模にテスト販売してみるやり方など、様々なアプローチがあります。

　この項で指摘したようなカニバリゼーションの検知や消費者行動の検証は、テスト販売で市場からの反応をたしかめることによりわかります。

　次項以降で、テストマーケティングの手法とそれぞれの目的について説明します。

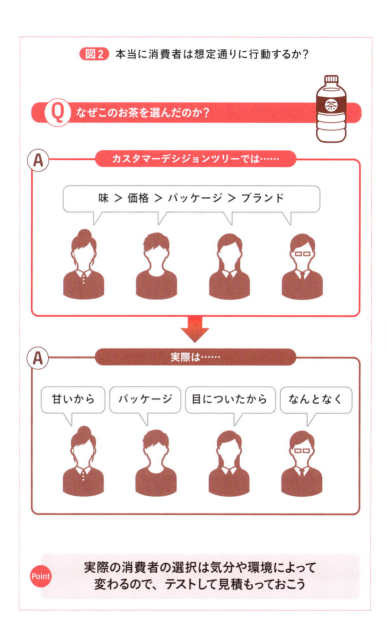

> CHAPTER 4　テストマーケティングをする

No.
02
［試作品の作成］
開発チームを巻き込む

ここからは企画をかたちにしていく行程に入ります。

◉ 開発部門を動かすために用意するもの

通常、企業では、この行程は研究開発部門が行います。企画者は、彼らに検討を依頼しなければなりません。**今まで重ねてきた作業をまとめたオリエンテーションシート、および期待できる売上などをまとめたビジネスケースを用意します。**

オリエンテーションシートというと大仰に聞こえますが、基本的にはここまで様々な工程を行きつ戻りつして積み上げてきた、ターゲット、コンセプト、ポジショニング、バリュープロポジション、価格・容量などその他必要な事項を1枚の用紙にまとめたものです（図3）。

ビジネスケースは、新商品の導入後、とくに利益の推移をシミュレーションしたものです（図4）。ビジネスには、売上以外にも、投資や経費などその他の要因があり、その結果を左右します。また、前述したカニバリゼーションも含めた全社的・統合的な試算がなければ、本質的な Go or No Go の判断ができません。

ビジネスケースでは、売上・経費の推移を時系列で捉え、利益がどのように蓄積していくかわかるようになっていることが肝心です。既存類似商品がある場合は、カニバリゼーションも想定し、新商品の発売前後でその売上がどう変化するかも視野に入れましょう。

図3 オリエンテーションシート例

新レトルトカレー「スリランカタイフーン」
企画オリエンテーションシート

ターゲット	東京在住。新しいモノ好き。男性。20代。年収400万円。ウオータースポーツSUPが趣味
コンセプト	テンションをあげてくれるスイッチ
競合	マッサマンカレーやバターチキンカレーなどの本格レトルトカレー
ポジショニング	現地に近い本格感ではなく、個性の強い味にする
機能的要件	① 突き抜ける辛さ ② タマリンドによる強い酸味 ③ かつお節のような強い出汁感
パーソナリティ	若々しい。男性的。茶目っ気がある。挑戦的である
容量	200g
パッケージ	縦200mm×横150mm×幅20mm以内
小売想定価格	200円（税込み）
参考サンプル	レストランAの「○○カレー」 ××食品の「××カレー」

※機能的要件・パーソナリティは、バリュープロポジションから抜粋したものです。

Point 商品やパッケージ、販促の各部門の担当者と共有し、1つの方向へ導くために必要

CHAPTER 4

> CHAPTER 4　テストマーケティングをする

● 開発からのフィードバックで仕様の変更もする

その後、研究開発部門からフィードバックがあります。どの機能を実現するとどの程度の開発費用が必要か、全体としてどのくらいの期間がかかるかなどを教えてくれるのです。**必要に応じて、仕様変更を検討しましょう。**

筆者の経験では、ある商品を企画する際に、イタリア産のあるスパイシーな原材料を使用したかったところを、コストとその原材料の形状が原価基準や規格にあわず、使用できなかったことがありました。そのときは開発陣が代替案として国内メーカーによる同等な原材料を提言してくれ、それにあわせて当初のイタリアを主にしていた商品コンセプトを修正してことなきを得ました。

● 試作品を使ってさらに改善する

この折衝を経て、商品の仕様、開発期間、予算がみえてきたら、試作品（プロトタイプ）をつくります。当然、試作品をつくる前に、稟議承認などの必要な社内プロセスをクリアしておいてください。

開発担当者は、企画者からオリエンテーションシートを受け取り、開発プロセスに入ります。しかし、企画者のもっているイメージは企画者の頭の中にしかないので、直接みることはできません。また、オリエンテーションシートは重要な情報を包含しているものの、それがすべての要件をカバーできているとは限りません。

そこで**試作品をつくり、企画担当と開発担当で理解のズレの確認や方向修正を行う**のです。

試作品を企画担当者と開発担当者で使うと、机上ではみえなかった問題や改善点がみえてきます（図5）。

150

図4 ビジネスケース例

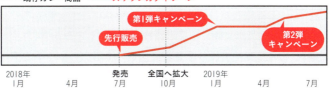

2018年7月〜2019年6月の収支

	スリランカタイフーン	既存カレー商品	カレー商品全体
売上	10億円	20億円	30億円
原価	2億円	4億円	6億円
粗利	8億円	16億円	24億円
広告宣伝費	2億円	2億円	4億円
物流費	1億円	2億円	3億円
その他営業経費	2億円	4億円	6億円
営業利益	3億円	8億円	11億円

2017年7月〜2018年6月の収支

	スリランカタイフーン	既存カレー商品	カレー商品全体
売上	0	2億円	22億円
原価	0	4.4億円	4.4億円
粗利	0	17.6億円	17.6億円
広告宣伝費	0	2億円	2億円
物流費	0	2.2億円	2.2億円
その他営業経費	0	5億円	5億円
営業利益	0	8.4億円	8.4億円

利益でみると……

	2017/7 − 2018/6	2018/7 − 2019/6	増減
既存カレー商品	8.4億円	8億円	−0.4億円
スリランカタイフーン	−	3億円	＋3億円
合計	8.4億円	11億円	＋2.6億円

 ビジネスとして成功するかどうかを試算しよう

> CHAPTER 4　テストマーケティングをする

● 試作品の試し方

　例えば食品であれば、実際に消費者が食べるのと同じ環境か近い環境で食べてみること、競合がわかっていれば必ず比較してみること、日用品であれば実際に自宅に持ち帰って使ってみます。

　宅配ピザの新商品の試作品を評価するときは、オーブンからでてきた焼きたての状態では行わず、必ず一度箱に詰め、実際に宅配時に使用する保温ボックスに一定時間置いてから行います。

　これは、消費者が実際に商品を食べる環境を再現するためです。もっとも美味しいできたての状態ではなく、現実に即した環境で試食してこそ、改善点や課題がみえてくるのです。

　つまり、実際に消費者と同じ流れと環境で商品を使用して評価するのです。

　試作品をベストの状態では試さず、意図的に悪いコンディションをつくって評価するのは、商品企画者の直感に反したことに感じられるかもしれません。しかし、冷徹に消費者と同じ目線に立ち、同じ環境で評価をしなければ消費者の満足を得られないのです。

　レビューを経たのち、さらに改善した試作品を開発し、商品としての完成度を高め、ビジネスケースも改善していきます。

　このようにして、実物のように精度が高い試作品（モックアップ）ができたら、テストマーケティングを行い、消費者からのリアルな評価をとりましょう。

152

図5 試作品の重要性

- 企画者の頭の中はみえない
- 企画者の頭の中をオリエンテーションシートにすべて書くのは不可能

↓

必ず企画者と開発担当者間で誤解が生じる

↓

 ### 試作品をつくる！

試作品のメリット

- 企画意図に沿った精度が高い開発ができる
- 試作品を消費者に使ってもらい、得たフィードバックを開発に反映できる

> CHAPTER 4　テストマーケティングをする

No.
03

［テストマーケティングの実行］
消費者の反応から、改善する

　精度の高い試作品ができたら、いよいよテストマーケティングを行います。消費者からの反応やフィードバックを集め、精度の高い需要予測をするとともに、さらなる改善ポイントをみつけましょう。

　テストマーケティングは、商材の種類によって、やり方は様々です。菓子類・飲料などの消費財であれば、消費者の構成が市場と同じまたは近似する地方や県などの特定の狭い地域の中で実際に商品を販売して、反応や売れ行きを見るという手法がまず考えられます。
　商材の種類によるので機械的な援用は禁物ですが、広島県、静岡県などは消費傾向に偏りがなく、テストマーケットに向いているといわれています。

● CLT調査

　実際に販売を試すことが難しい場合は、CLT（Central Location Test）調査という手法があります（図6）。これは、準備した会場に消費者を集めて試作品の評価を聞く手法です。
　単純な試用だけでフィードバックをもらうのではなく、実際に消費者に購入意向を示してもらうといったプロセスも含めれば、サンプルは少なくてもリアルな評価を得ることができます。

　このようにして消費者を巻き込んだテストや評価を行い、仕様に消費者からのフィードバックを反映し、商品の完成度とビジネスの予測精度を高め、本格的な販売に備えていきましょう。

154

図6 CLT調査を行う

1. 会場の確保&調査に協力してくれる消費者を集める

2. 調査では、以下の2点を聞く

- ブランドを隠して商品そのもののフィードバックと購入意向
- パッケージ・ブランドも含めた総合的な評価

メリット

- 消費者に実際に試してもらうので、精度が高い
- 試作品の管理ができ、また機密保持の取り決めもできるので、情報漏えいのリスクが小さい

 Point ＣＬＴ調査では消費者からフィードバックを得ることにより、企画の検証と改善ができる

> CHAPTER 4　テストマーケティングをする

No.
04

［プレトタイピング］
試作品がなくてもできる
テスト方法

　プロトタイプを製作して評価するという方法は、企画の評価手法としてとても優れています。

　しかし、ビジネス全体にスピード・効率化が求められている現代では、その製作を重ねて試行錯誤するプロセスすらも改善の対象となります。

❖ プレトタイピングとは？

　プレトタイピングは効率化を図るために有力な方法です（図7）。

　プレトタイピングとは、まだアイデア段階にある商品企画を消費者にみせてフィードバックを得ることにより、企画の評価を得るという方法です。プロトタイプの製作を経ずに行うか、その前段階として行います。

　早い段階でアイデアを評価することにより、のちに表面化する可能性のあるポイントを先取りできるので、先に対処するなり、アイデアに見切りをつけるなりできるというのが利点です。

　その利点は、プレトタイピングのキャッチフレーズであるFail fast（失敗するなら、なるべく早いうちに）という言葉にあらわれています。

❖ プレトタイピングを実行するには？

　具体的なプレトタイピングのやり方には様々なものが考えられますが、スピードや集計プロセスの簡便化を考えるとオンラインとの親和性が高いといえます。

156

図7 プロトタイプとプレトタイピング

プロトタイプ制作のデメリット

フィードバックをもらうまで時間がかかる！

- プロトタイプ制作の時間
- 調査、設計、実施の時間
- 調査データ集計の時間

そこで

プレトタイピングの実施がオススメ！

- アイデア段階で消費者からフィードバックをもらう
- 図面や文章で商品を説明し、評価・利用意向を聞く
- オンライン販売サイトを持っていれば、実際の商品に混ぜて陳列し、反応をみる

買おうとした消費者の割合を見込み客の割合として、市場性をみる

フィードバックの内容に耳を傾け、改善する

Point
試作品をつくる時間をかけずに、
消費者からのフィードバックが得られる。
さらに、商品名や価格、パッケージを変えて
試すことで、それぞれ最適化することも可能！

> CHAPTER 4　テストマーケティングをする

Webサイトやイラストなどで起こした消費イメージ、コンセプト、ベネフィットなどを閲覧可能な状況にしておき、被験者からフィードバックを募るのです。このとき、回答記入フォームをWeb上に準備しておけば、集計の手間やレポーティングに必要な時間が最小化されます。同様のことをオフラインで実行することもできますが、その場合は相応の時間と労力が発生します。

　また、自社の販売サイトであたかも新商品をすでに販売しているように商品リストに並べれば、どのくらいの消費者が実際に反応（購買意向）を示すかを測定することもできます。

　本章1項で、調査で購入意向を示した消費者が必ずしも購入するわけではないという話をしました。しかし後者の手法を使えば、実際の販売環境で消費者の行動データが取得できるので、信頼性が高い購入意向がわかります。

　実際に購買意向を示した消費者へのケアは、忘れずに行ってください。

　購買意向を喚起されたのに購入できなかったことに対するお詫びや調査に参加してもらったお礼をしないと、顧客満足度を下げることになってしまいます。

　また、公知のWebスペースに企画段階の情報を掲載することになるので、情報漏えいへの注意を欠かさずに、Fail fastしましょう。

　図8に、CLT調査とプレトタイピングを比較した表を入れました。参考にしてください。

図8　CLT調査とプレトタイピングの比較

	メリット	デメリット
CLT調査	● 消費者の言葉で具体的なフィードバックが得られる ● 機密性が比較的高い	● 費用が高い ● 時間がかかるので、複数回実施するのが難しい
オンラインによるプレトタイピング	● 費用が安い ● フィードバックをもらうまでが早い	● 機密情報が洩れるリスクがある ● 定性的なフィードバックが得にくい

状況に応じて適切な手法でテストマーケティングしよう

> CHAPTER 4　テストマーケティングをする

COLUMN　ABテストの本当の価値

　Web上のマーケティングをテストする手法としてABテスト
が流行っています。念のために説明すると一般的にいわれてい
るABテストとは次のような手順のテストです。

1. 比較対照する基準を決める。すなわちどんなサイトのどの
   部分をテストするのか決める（例えば、自社販売Webサイ
   トで商品選択ページの下部にある「購入」ボタン）
2. 購入ボタンのデザイン、大きさ、購入というテキストなど
   について、バリエーションを作成する
3. 基準の「購入」、バリエーションA、B、C……をランダムに
   表示し、統計的に十分な数の顧客に露出し、反応を計測す
   る
4. 基準とバリエーションA、B、C……の結果を比較し、もっ
   ともよかったバリエーションを採用する

　本章で触れたプレトタイピングや、6章で触れる自社サイトの
データ分析などはABテストの考え方が大きく組み込まれてい
ます。
　ABテストは、人の直感と異なる結果を得られるデータをみる
ことがいかに大切かを証明するツールとして喧伝されることが
あります。
　つまり、バリエーションAが一番顧客からの反応がよいと
思っていたのに、テストを実施してみたらCがよかったとわかる
こともあるのです。

またABテストは、Web広告のクリエイティブを検討するためのツールとして位置付けられることが多く、その流れで例えば「クリエイティブの色が変わると、コンバージョンレートがこれだけ上がる」といった、一見微差にみえることが、結果では意外に大きな差になるという文脈で語られることが多いように思われます。

　もちろん、そういった側面も大切ではあるのですが、そればかりに注目するとABテストの価値が矮小化されてしまうのではないかと思います。

　クリエイティブの比較をするときは、上記のようなケースに限らず、あらゆる場合に次のステップが必要になります。

1. 基準になるクリエイティブと比較対象を準備する
2. 差がない2つ（以上）の集団を選定する
3. 同じタイミング、同じ環境でそれぞれの集団に基準と比較対象A、B、C……をみせて、評価を比べる

　2と3は全く同じ条件で比較しないと統計的に正しい評価ができないために行います。

　Web上でのABテストという方法が登場するまでは、この2と3を揃えるのが、非常に大変でした。

　例えば、スーパーマーケットがチラシのクリエイティブを比較検証するときのことを想像してください。まず、チラシの種類をランダムに届けてしまった場合は、店頭で消費者にどのチラシをみたか確認する必要があります。これは非常に煩雑である

> CHAPTER 4 テストマーケティングをする

うえに、チラシの違いが微差である場合、消費者の記憶頼みの確認は不正確になる危険性があります。ならば店舗ごとにチラシを分ければよいということになるのですが、今度は店舗ごとに要素（客層、立地など）にばらつきがあり、差がない集団を選定するのが極めて困難です。

また、Web上のABテストは、被験者がどのような反応を示したのかデジタルでログが残るので集計が容易です。これに対してチラシの実験では結構な程度で手作業による集計が残ります。

こうしてみると、ABテストの本質は次の2点であるといえます。

1. 差がない集団を容易に選定できる
2. 容易に集計ができる

今までの壁に阻まれずに消費者の反応や行動のデータが取得できる優れた手法であることが改めてわかります。

皆さんも大なり小なりABテストをしていると思います。

しかし、その範囲を現在行っているテストのみに限定するのは、もしかしたらもったいないかもしれません。

今まで技術的・予算的な制約でデータを伴った比較ができていなかったことが、ABテストの援用で解決するかもしれないのです。

CHAPTER

5

販売から企画戦略を考える

01 行動経済学から考える「価格戦略」

02 よい売り場を確保する「流通戦略」

03 消費者の目にとめる「カテゴリー戦略」

04 販売店と手を組む「営業プロセス戦略」

05 店頭で差をつける「販売戦略」

> CHAPTER 5　販売から企画戦略を考える

No.
01
［価格設定］
行動経済学から考える「価格戦略」

消費者が購入を判断する際に重視する要素の1つが価格です。

◉ 最適価格を設定するには?

　一般的には、価格が安ければ販売数は増えても利益率は下がり、高ければ逆のことが起きます。そのため、販売価格は、利益率をみながら最適な価格を模索する必要があります。

　それには、3章で紹介したPSM分析や価格弾力性曲線などのツールを使うとよいでしょう（図1）。価格弾力性曲線とは、縦軸に価格、横軸に需要を置いたグラフで、商品やカテゴリーの値付けと需要の関係性を示すツールです。値付けについていえば、PSM分析と価格弾力性曲線には、大して違いはありません。ただし、PSM分析のほうが新しいツールであり、価格をより緻密に捉えられます。

◉ 相対評価から価格を設定する

　これまでの章でもみてきたように、消費者はたいてい競合商品と比較します。そのため、企画者は店頭で価格が消費者にどのように評価されるかを考える必要があるのです。

　行動経済学にリファレンスポイントという概念があります。

　人が何かを評価や選択するときは、基準となるモノや値と比較して判断します。この基準となる値やモノがリファレンスポイントです。

　そのため、自社商品単体に最適な絶対価格を知るだけではなく、競合商品と自社商品との価格差を考えて相対的な観点で価格を設定することも重要であるといえます。

図1 価格を決定するときに使える2大ツール

① 価格弾力性曲線……価格と需要との関係をあらわす

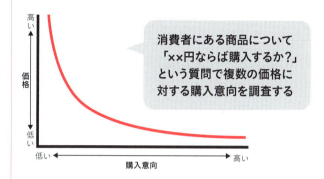

消費者にある商品について「××円ならば購入するか?」という質問で複数の価格に対する購入意向を調査する

② PSM分析……4つの価格から値付けを探る

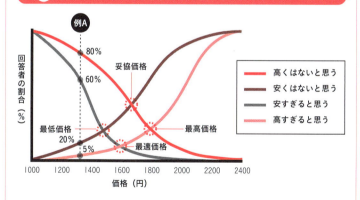

Point これらのツールでできるのは、自社商品の単独での評価。実際の購買では、消費者は複数の選択肢と比較して決めるので、注意しよう

> CHAPTER 5　販売から企画戦略を考える

● 購入されない商品も、棚に並べる意味がある

　例えば、図2のような楽曲の販売形態による値付けを、消費者はどう思うでしょうか？ 再生するためのツールはすべて所有しているという前提で考えてください。ケース1だと、「ダウンロード版のみ」を購入する人が大半を占めるのではないかと思います。

　一方、ケース2なら、「CD＋ダウンロード版」を購入する人が増えるでしょう。「CDのみ」での販売が加わったことにより、「CD＋ダウンロード版」のバンドル販売がお得に感じられるからです。

　これは、人が購入する際に、必ずしも絶対的な価格だけではなく、リファレンスポイントをもって判断しているために起こることです。

　前者は、2つある選択肢のうちダウンロード版のみの価格をリファレンスポイントにしてバンドル価格を評価したので、高く感じられました。一方、後者は、3つある選択肢のうちCD単体の価格をリファレンスポイントにしてほかと比べたため、お得に感じられたのです。

　ケース1とケース2の違いは、ケース2にCD単体が加わったということです。そして新しく加わったCD単体の選択肢は誰にも選ばれない（選ばれそうにもない）にもかかわらず、リファレンスポイントとして多くの人の選考に影響を与えるのです。

　多くの方は、購入されない商品は、棚に並べても意味はないと思ってしまうでしょう。しかし、ほかの商品を選んでもらうための基準として必要な場合があるのです。

　戦略的な値付けをすれば、消費者の選択を誘導することもできるのです。

図2 消費者が選択するときの価格の基準

ケース1

選択肢A
ダウンロード版のみ
1500円

選択肢B
ダウンロード版 ＋ CD
3000円

Aと比べたら、Bは高いから、Aにしよう → 基準はA → **売れるのは、ほぼA！**

ケース2

選択肢A'
ダウンロード版のみ
1500円

選択肢B'
CDのみ
2850円

選択肢C'
ダウンロード版 ＋ CD
3000円

A'と比べたら、B'とC'は高いから、A'にしよう → **A'が基準**

B'と比べたら、C'はお得だから、C'にしよう → **B'が基準**

基準B'が加わることで、C'が選ばれるようになった！

Point **新たな基準をつくることで、消費者の選択に影響を与えることができる**

> CHAPTER 5　販売から企画戦略を考える

◉ 競合との価格差を考えて値付けをする

　図3のように、あなたがBのワインの値付けを考えているとしましょう。ここでは話をシンプルにするために、産地やぶどう品種などについては考慮せず、考えるのは価格のみとします。

　2つのパターンの値付けを比較してみて、消費者の選択に差がでそうだと感じませんか？

　パターン1の方だと、最安のAを避けてBを選ぶという行動が多くなりそうです。

　一方パターン2では、AとBの価格差が大きいため、AとBの代替性があまりありません。そこで最安のAを選ぶか、あるいは最安のAを避けた残りのB、C、Dの中で2番目に安いCを選ぶというような行動が目立ちそうです。

　筆者の経験的に、人は10%程度の価格差があると、その差の認識を強め、その差が50%を超えると比較対象という認識が薄れていくように感じます。この種のしきい値はカテゴリーによっても異なるので本質的には担当する商品についてそれぞれ考えてほしいのですが、1つの参考値としてこれらの値を記しておきます。

　利益性、売上規模の追求、在庫や生産の関係で、特定の商品の販売に力を入れることは、ビジネスの中でよくみられると思いますが、値付けはその強力な武器になります。

　ただし、消費財を開発製造するメーカーに勤務している場合は、店頭販売価格を自社から指定すると違法になります。しかし、総合的な売り場づくりの一環で価格を提案することは、商習慣の範囲内です。そこで次項からは、これらを含むメーカー視点での流通対策について考えてみましょう。

図3 競合との価格差を考えて値付けをする

値付けパターン1

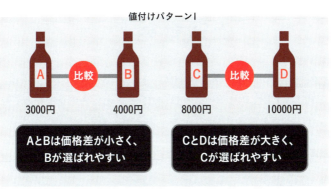

値付けパターン2

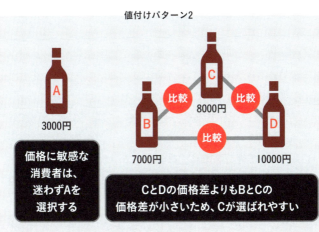

Bの値付けの仕方によって、全体の選択が変化する

Point　企画する商品と競合の価格差をみて、その中で選ばれやすい価格になっているか考えよう

> CHAPTER 5　販売から企画戦略を考える

No.

02

〔マーケティング施策〕

よい売り場を確保する
「流通戦略」

　店頭で目立つ場所に陳列できれば、それだけで売上は大きく跳ね上がります。つまり、自社商品を消費者の目にとめる方法を販売者と探れるかが、企画の結果を大きく左右するといえます。

● 通常行われているマーケティング施策

　筆者の経験上、メーカーと販売者の間では、図4の①〜③のマーケティング施策が一般的に行われています。

　①の問題点としては、新聞購読率の低下により、チラシのリーチ率が低下していることがあげられます。さらに、チラシのレイアウトは流通が主導するので、期待できる効果・作用がわかりません。

　加えて、チラシ掲載での売上効果を事後検証しにくい点があります。商品を掲載するチラシと掲載しないチラシを2種類つくり、それを同じ条件、市場性の2エリアに配布していれば検証も可能です。しかし、チラシ掲載する商品が複数あると莫大な費用がかかるので現実的ではありません。

　②と③の問題点は、最終的な施策の仕上がりが店舗任せになっていることです。つまり、POPを送り込んでも店舗に無視される可能性もあります。メディア露出による売り場づくりも、放映や掲載のタイミングで完成していないと効力は発揮されません。採用難や労務管理にあえぐ昨今の店舗状況では、この難易度がとても高いのです。

図4 メーカーと流通の間で行われるマーケティング施策

① メーカーから流通にリベートを支払い、チラシで露出する

② POPなど販促物をつくり、店頭に送りこむ

③ メディア露出による需要強化を理由に、店頭での露出を要請する

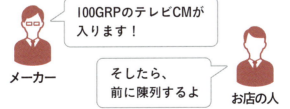

> CHAPTER 5　販売から企画戦略を考える

● メーカーと流通でマーケティング施策を考えていく

そこで、次の4つ目の施策「小売店ごとにカスタマイズした商品の陳列（棚割）を提案する」が時折行われています（図5）。

メーカーが販売者向けにカスタマイズして提案するので、その他の施策と質的に異なる一歩進んだ施策です。

例えば、飲料メーカーが自社商品と競合商品のユーザープロファイルを調査した結果にもとづいた提案を行うことなどがその一例です。ユーザーをセグメントに分類し、セグメントごとの需要やインサイトに響くよう棚割やトレードマーケティングを設計し、各売り場にあうように提案します。

しかしこれは結局、メーカーが実施している調査を相手企業ごとに編集していることが通常であり、流通側が想定している顧客ターゲット、セグメンテーションなどの考え方との整合性はありません。

また、同一カテゴリー内で複数のメーカーが提案してきた場合も、考え方に互換性がないので、汎用性や全体感に欠けます。

これをベースにした棚割提案は、よくてカテゴリー内での部分最適、悪ければ使いものになりません。

筆者がいいたいのは①〜④が無意味だということではありません。流通、メーカー間の取り組みとしてこの種のトライアルは進めるべきなのですが、もっと効率的なやり方もあるのではないか、ということです。

1つの考え方として、メーカーが企画した商品を効果的に販促するためには、店頭のサイクルを理解し、そこに入り込むことが必要だと思います。次項ではその点を掘り下げてみましょう。

図5 メーカーと流通でマーケティング施策を考えていく

❹ 小売店ごとにカスタマイズした商品の陳列（棚割）を提案する

調査した結果、○○社新宿店のお客さまは、
××のセグメントなので、弊社の○○が売れます！

デメリット

- 流通では、単一カテゴリーだけを
  売っているわけではないので、
  全体最適性に欠ける

- 各社がバラバラなセグメンテーションで
  営業してくるので、収拾がつかず、
  統一見解に至らない

消費にもとづいているので、
前ページの①〜③よりはよいが、まだ不完全。
メーカーは、流通とともに考えていく必要がある

> CHAPTER 5　販売から企画戦略を考える

No.
03

［陳列］
消費者の目にとめる
「カテゴリー戦略」

　販売者は何千から何万という点数の商品を分類し、整理し、選別し、陳列しています。そのため、商品企画者としては自分の商品を、販売者に売りたいと思ってもらうことと、店舗内の売れる場所に置いてもらうことが重要です。

　前者については次項で説明します。

◉ 売れる場所とは？

　まず、店舗内で、一般的に売れるといわれる場所を知りましょう。

1. **顧客導線上目立つところ**
2. **同一商品を多数陳列できるところ**
3. **顧客が滞留するところ**

　また、人の目線は一般的に左上から右下に移動するので、同じ什器の中であれば、左上に近いほどよい場所ということになります。

　原則的に商品は1つのカテゴリーごとにまとめて陳列され、顧客が直感的に買い物しやすいようになっています。

　例えば、コンビニエンスストアやスーパーマーケットのような陳列棚の間が通路になっている店舗で売れるのは、図6の🅐〜🅔のような要件を満たす場所です。

　店舗で売れる場所に陳列してもらえるかどうかが、企画の成否にも影響するわけです。

図6 陳列ゴールデンゾーン

- Ⓐ 顧客導線の最初である店舗入口近くでの陳列、特に大陳
- Ⓑ 通路の中央
- Ⓒ 陳列棚の両端
- Ⓓ レジ横の陳列棚
- Ⓔ 一般の陳列棚

●一般的な店内図

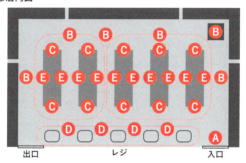

●陳列棚のゴールデンゾーン

陳列棚におけるカテゴリー内の左上の位置がBest！

Point

Ⓐ〜Ⓔの順に陳列効果が高い。
商品の置き場所を決めるプロセスを理解し、
入り込める企画を立てよう

> CHAPTER 5　販売から企画戦略を考える

◉ Web サイトで目立たせるには？

図6の基本は、チェーンストア以外の店舗やオンライン販売にもあてはまります（図7）。

例えば、Web サイトでの棚割を考える場合も、基本的には次の2点により、商品を強く訴求できます。

1．左上から右下の順に目立たせたいものを配置する
2．シンプルにする

すべての商品を強く均等に訴求しようとすると、オンラインも含めた売り場は看板にあふれた繁華街のような、どこに注目してよいかよくわからない、情報過多な状況になってしまいます。

これを回避するためには、強く訴求する商品から通常の商品までの序列を定義し、陳列・棚割をその序列に合わせて設計することが重要です。

商品の説明は、次の4つの要素をシンプルに、なるべく少ない文字数で伝えるようにしましょう。

1．新発売、値引き、まとめ販売など、時限の要素
2．商品名
3．商品カット
4．コンセプトとバリュープロポジションを表現したコピー

1〜4は重要な順に並んでいますので、配慮してデザインしてください。なお、店頭POPも上の考え方が援用できますが、店頭ではPOPのすぐ近くに商品がありますので、2と3は不要です。

図7 Webサイトに商品を掲載するときの注意点

❶ 視線の移動

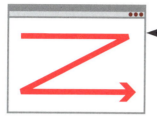

基本的に、視線は左から右下への動きを繰り返す。重要な要素は上に配置しよう

❷ シンプルさ

良い例 / 悪い例

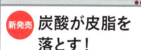

整然として全体がみえる

余計な商品説明でごちゃごちゃしていて、どこをみればよいのかわからない

Point Webサイトでも、無駄な要素を削除して、推すものとそれ以外のもののメリハリをつける必要がある

> CHAPTER 5　販売から企画戦略を考える

No.
04 ［販促提案］
販売店と手を組む
「営業プロセス戦略」

　企画者として重要なことは、自社の販売担当者の協力を得て、できるだけ多くの店舗のプロセスを把握し、そこに入り込んでいくことです。

● チェーン店の売り場決めは本社主導

　国内の多くの店舗はチェーン店で、共通したオペレーションを行っています。そのため、商品選定や売り場の使い方は本社主導で基本線が定められ、各店舗はそれをもとに展開するというやり方が一般的です。

　本社主導とは例えば、図8のプロセスのように各店舗の陳列が決まることです。

　ポイントは、このような全営業部門的なプロセスを経てはじめて商品選定から陳列まで一貫した展開が可能になるということです。

　このプロセスを意識することなく、単純に売り込みを行っても、部分的な展開にしかならないので、売上に与えられるインパクトも限定的になります。

　テレビCMをいくら放映しても、このプロセスと放映スケジュールがあっていなければ、自社にとっても、店舗にとっても売上増加は期待できません。

　企画者がそれぞれの店舗が準備している売り方の効果と期待値を理解できれば、企画する商品に合った販促方法を想定し、営業部に提案することもできます。

178

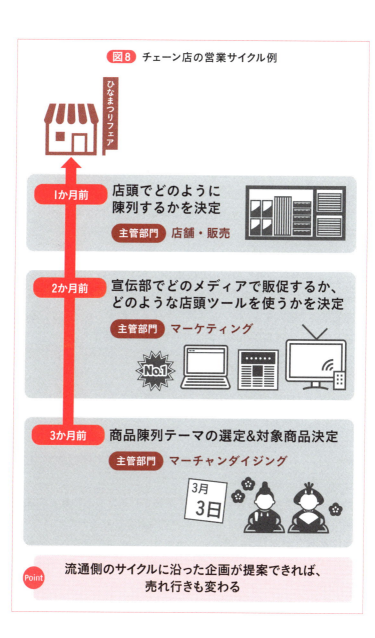

> CHAPTER 5　販売から企画戦略を考える

No.
05

［パッケージ］
店頭で差をつける
「販売戦略」

　パッケージは重要な商品の一部です。その要件として、次の2点が基本的な要件にあげられることが多いと思います。

- **商品の機能やベネフィットが伝わること**
- **デザイン的に美しく、人目を引くこと**

　しかし、筆者はこれに加えて「店頭のカテゴリー陳列の中で存在感を発揮できること」も重要であると考えています。なぜなら、消費者は商品単体で購入を決めず、必ず競合商品と比較するからです。棚の中でどのように目立つかは、選ばれる要因となり得ます。

◉ 競合に勝てるパッケージ

　カテゴリー陳列の中でプレゼンスを発揮できるパッケージとはどのようなものでしょうか？

　1つには、カテゴリー全体に共通する要素をあえて外していくという手法が考えられます。

　商品はたいてい同じカテゴリーで陳列されるため、他社との共通要素であるカテゴリーの訴求は、他社の商品に任せるのです。

　あえて外していくことにより、カテゴリーの中で目立たせる戦略です。通常は透明なパッケージである炭酸飲料の中で、緑の色により異彩を放つようなコカ・コーラ社の「スプライト」のパッケージがよい例です。

図9 よいパッケージとは？

❶ シンプルさ

パッケージを顧客がみるのは一瞬。
細かい文字は、基本読んでもらえない
前提でパッケージをつくろう

❷ パッケージ全体をキャンパスに見立てる

❶ 地の色
❷ ブランドや商品のシンボルとして設定
　 した地の色に載せるパターン・模様

❸ ロゴ、商品名などのシンボル
❹ 商品名、イメージ、写真、イラスト
❺ その他コピー
❻ 価格などの必要な仕様

配置

❸ 競合と差別化できるパッケージ

基本透明なパッケージが多い
ソーダ飲料の棚で、
緑色のパッケージは
どの位置でも目立つ

カテゴリー棚の陳列を意識して、
パッケージを考える必要がある

CHAPTER 5

> CHAPTER 5　販売から企画戦略を考える

　ほかに、パッケージの複数の面に異なるメッセージを記す方法もあります。例えば、前面と後面を並べることにより、意味が出来上がるようなパッケージも面白いでしょう。そうすれば、店頭で複数の列を占めることが可能になりますし、顧客に商品情報を十分届けられることになるので、顧客からの注目も理解も得やすい方法です（図10）。

　パッケージは、商品単体としてのデザインや完成度とともに、棚の中での存在感も重要。顧客が商品と接するあらゆる場面で、何とともに、どのようにみられるか、ということを意識しながら企画を行いましょう。

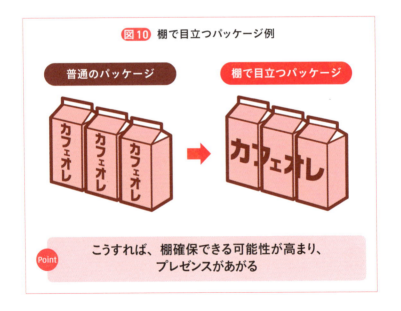

CHAPTER

6

発売後の検証と修正の
サイクルをつくる

01　発売後の競合の動きを予測する
02　評価される軸の変化を捉える
03　価格競争に勝つには?
04　ターゲットの見直しでロングセラー商品をつくる
05　恒常的に自社サイトを改善する
06　リアルとデジタルを組み合わせる

> CHAPTER 6　発売後の検証と修正のサイクルをつくる

No.

01

［競合の観察］

発売後の競合の動きを予測する

　あなたが企画した新商品がうまく売れたとしましょう。

　まずは商品を開発してくれた仲間、売ってくれた仲間に感謝し、ともに美酒に酔いましょう。1つの商品が世に出て、よいセールスを叩きだすのは、この人たちの助けなしでは不可能だったはず。成功は皆で味わうものです。

● 競合の動きを予測する

　しかし、それは一晩だけにしましょう。なぜならば、通常はあなたの商品がよく売れたことにより、競合の商品は不振に陥るからです。不振に陥った競合が手をこまねいてみているはずはなく、何かしらの戦略で対抗してきます。こちらもそれに対応するなり、先手をとって打ち手を準備するなりしておかねばなりません。

　競合が、あなたの新商品に対してとり得る戦略の選択肢は、主に次の4つです（図1）。

1. 対抗する新商品導入
2. マストバイなどのプロモーション展開
3. コミュニケーションの変更
4. 価格の変更

　もっともリードタイムが長いのは1で、2～4の順に短くなるので、競合の戦略と施策も時系列で変化していくことを想定しましょう。

184

図1 あなたの商品に対する競合の動き

**あなたが攻めれば、競合は守り、
あなたが手を緩めれば、競合に攻められる**

●競合の打ち手

競合の手の内を理解したうえで、次の手を読み、
前もって準備することが大切

> CHAPTER 6　発売後の検証と修正のサイクルをつくる

◉ 競合の施策を観察し、意図をつかむ

では、競合の戦略の意図を、どのように検知すればよいのでしょうか？

1つ目の方法は、観察からの類推です。

人間でも企業でも、意図や意思は行動やコミュニケーションにあらわれます。

あなたの商品の発売前後で、SNSやHPやチラシなどのあらゆる媒体を通して競合が消費者に対して発信するコミュニケーション（マーケティング・コミュニケーション）の変化から、競合があなたの商品をどう捉え、どのように脅威に感じているのかを知ることができます。

まず、競合のコミュニケーションに変化がないか、調べてみてください（図2）。その**変化した内容こそが、競合が勝負しようとしているポイント**になります。相手の手の内がそこでわかるわけです。

次に変化のタイミングに注目してください。コミュニケーションを変えるには、クリエイティブの開発とメディアの確保という2つの行動が必要ですが、メディアの確保のほうに着目するのです。

通常、どんなメディアでも消費者の目に触れるまで、ある程度のリードタイムがかかります。自社サイトの変更ならば最速で即日、Web系メディア記事であればインタビューから2〜3週間、プレスリリースや記者会見などのPR系の施策であれば数日から1週間、店頭やチラシであれば数週間、テレビCM、新聞広告、雑誌広告などであれば1か月以上くらいが常識的な時間軸でしょう。

つまり、メディアの種類によって競合の戦略変更がコミュニケーションに反映されるタイミングが違うのです。**もし、タイムリーな競合の戦略をつかみたいのであれば、競合が運営する媒体やPR施策に注目しましょう。**

図2 競合の戦略を探る方法

競合は対抗策を実施する

●競合の動きがあらわれる場所

準備する時間がいらない

即日〜	ホームページなど競合が運営する媒体
数日から1週間程度	プレスリリースや記者会見などのPR施策
2〜3週間程度	Web系メディア記事・バズ
数週間〜1か月程度	店頭・チラシ
1か月以上	テレビCM、新聞広告、雑誌広告などの広告媒体

準備する時間がかかる

CHAPTER 6

Point: 競合がもつ媒体やPR施策をチェックすれば、タイムリーな競合の戦略がつかみやすい。競合を観察し、競合の戦略の意図を見抜こう

> CHAPTER 6　発売後の検証と修正のサイクルをつくる

● 競合の施策を企画時から予測する

競合の戦略について予測するための2つ目の方法は、事前に競合の打ち手をシミュレーションしておくことです（図3）。

企画時に競合視点でカスタマーデシジョンツリーやポジショニングマップを考えておくと、あなたの商品がどのようなインパクトで競合の目に映るかを推測できます。

そこで競合に感情移入し、彼らであればどのような施策を打つかを想定するのです。

「あなたの商品が、競合にとってどのような点で脅威になるのか？」
「競合にとってもっとも合理的なあなたの商品への対策は何か？」

例えば、このような思考実験を行い、競合よりも先に彼らの対策を考えておくのです。

競合の打ち手が事前に読めていれば、競合がとった対策の穴や難点をつく対応を計画的に準備でき、機敏なアクションができます。打ち手が交互にエスカレートしていくことによる消耗戦も回避できます。

観察とシミュレーションを組み合わせ、できるだけ競合の考えを理解し、次の行動を予測し、競争をリードしましょう。

図3 競合の対策を予測する例

自社の新商品発売！

- ターゲット： サッカーファン
- コンセプト： 相手国を食べて勝つハンバーガー
- 機能： 各国の有名な具材がはさんである

● 競合が打てる対策の選択肢

対策 ❶ 新製品をだす	▶ すぐに原材料の調達ができないので、無理か
対策 ❷ プロモーション施策	▶ 複雑なものは準備できないが、「サッカーの試合前にドリンク無料」程度のプロモーションはあり得る
対策 ❸ コミュニケーションの変更	▶ Web、PR施策などで、「サッカー応援フェア」を告知する可能性はある
対策 ❹ 価格の変更	▶ 可能性はある

● 予想される競合の対策の難点

1. つけ焼刃的なプロモーション
2. サッカー大会にこじつけた値引き

競合の対策は、本質的にサッカーを応援しているとはいえないため、サッカーファンへの訴求は限定的

⬇

自社では、サッカーファンと同じ気持ちでの応援であることを強調したコミュニケーションを準備しておく

Point　相手の打ち手を考え、自社の対策を用意しておく

> CHAPTER 6　発売後の検証と修正のサイクルをつくる

No.

02

〔発売後の分析〕

評価される軸の変化を捉える

　企画段階でも言及・検証したことですが、1つの商品には複数の売れ方があります。もし商品の売上がよいなら、企画時に想定したうちいずれかの理由と軸で競合に勝ったということです。

　例えば本1つとっても、自分で楽しむため、仕事の参考書として、施設へ寄贈するためなど、いろいろな理由が想定されます。

　このうち、自分で楽しむためであればエンターテインメント性、仕事の参考書であれば情報鮮度やみやすさ、施設への寄贈であれば想いとのリンクや希少性などが、それぞれ選定や競争の軸となります。

　また理由ごとに、競合する商品もそれぞれ違います。

　類書のほかに、自分で楽しむためであれば嗜好品である酒や趣味性が高いスポーツ関連用品、仕事の参考書であればIT関連機器や情報提供サービス、施設への寄贈であれば家具や植樹などが、それぞれ競合になるでしょう。

　同じ本でも、全く違った理由と軸で評価される可能性があるのです（図4）。

　企画者は、実際に評価された理由と軸を調べる必要があります。グループインタビューで調べてもよいですし、Web上であなたの商品とともに語られている言葉を調べてもよいでしょう。

　想定と違った場合、当初想定した利用状況に消費者を強く誘導するコミュニケーションを実施する方法（フォーカス強化戦略）と、実際の消費者に近づけていくコミュニケーションに改善する方法（リポジション戦略）のどちらをとるかを判断します（図5）。

図4 商品が売れた理由を分析する

誰が？　　いつ？　　どんな理由で？

- 自分で楽しむため
- 仕事の参考にするため
- 施設へ寄贈するため

Point　商品の売れ方が想定通りか、見直してみよう

図5 2つのマーケティング戦略オプション

●商品の利用方法は、想定通りか？

YES → 継続強化	OR	ほかのターゲットへの拡大
NO → 継続強化	OR	現状への軌道修正

↓ フォーカス強化戦略　　　↓ リポジション戦略

Point　現状を的確に把握しながら、戦略を立てよう

> CHAPTER 6　発売後の検証と修正のサイクルをつくる

◉ 成功後の2つの戦略

コミュニケーションを重ね、あなたの商品が軸の中で十分に強いポジションをとることに成功したならば、次のステップに移りましょう。戦略的には、2つの選択肢があります（図6）。

1つは、同じ軸の中でのポジションをさらに強化すること（フォーカス継続）です。フォーカス継続は、それまで築いてきた評価やポジショニングを守るだけでは効果がありません。そのため、目新しいコミュニケーションが求められるケースが多くみられます。

もう1つは、それまであまり狙っていなかった状況の売上をとりにいくこと（リポジショニング）です。新たな軸を設定し、コミュニケーションを再設計する必要があります。現在アプローチできていない理由や軸であなたの商品が選ばれるようになれば、ビジネスをさらに広げることになるでしょう。ただし、消費者の認知から再構築する必要があるため、難易度が高く、また相応のマーケティング投資が必要になります。

どちらを選択するかは、あなたの商品が想定できる理由と軸のバリエーションと、それぞれの状況の予想売上によって判断すべきでしょう。また、競合の規模や戦略的な強さも考慮する必要があります。

フォーカス継続とリポジショニングの戦略のどちらのアプローチをとるにしても、実際に消費者に聞いてみることです。現時点での自社商品の購買状況と認知度がわかるので、現状の成功率とこれから挑戦する戦略の成功率を見極めるのに役立ちます。

図6　2つのマーケティング戦略オプション

●戦略に迷ったら、消費者の声を聞く

●自社の消費者に聞く！ 基本の質問

🔍 いつ、どんなときに使っているか？　**想定していた利用状況かチェック！**

🔍 ほかの商品を選ぶとしたら、何か？　**想定していた競合かチェック！**

🔍 代替商品ではなく、自社商品を選ぶ理由は？　**バリュープロポジションが効いているかチェック！**

●競合の消費者に聞く！ 発展的な質問

🔍 自社商品ではなく、競合商品を使う理由は？

🔍 自社商品を知っているか？

　　↓ 知らなかった場合

🔍 自社商品を使いたいと思うか？

Point 質問を通して、現状の消費者に自社商品が浸透しているか、リポジショニングは成功しそうかを見極めよう

> CHAPTER 6　発売後の検証と修正のサイクルをつくる

No.

03

［競合の値下げ］
価格競争に勝つには？

本章1項で、あなたの商品に対して競合がとり得る対策は大きく4つあると述べました。

そのうち、競合がもっとも機敏に、安易に対応できるのは価格を下げることです。値下げは商品の利益性をダイレクトに圧迫するので、相手がこの策にでてきたとき、「値合わせ」（競合と同価格まで引き下げること）または「値くぐり」（競合よりも少し低い値付けをすること）をするかどうかは、あなたにとってとても大きな決断となります。

まず、その判断材料として、競合が値下げで対抗してきた商品が、競合の社内でどのようなポジショニングになっているかを確認しましょう。それが販売数量の柱となっているような商品であれば、その値下げは一時的なものに終わる可能性が高いでしょう。一方、いわゆる（PPM分析における）問題児ポジションの商品であれば、継続する可能性も視野に入れて対応しなければなりません。

● 泥仕合にならない値下げ

価格を下げる場合、競合の値下げに対して1円値くぐるような値付けは、良策とはいえません。価格の下げしろがなく、「競合より安いが、でき得る限り高い値付けをしたい」という印象を競合に与えてしまうからです。競合は、ギリギリの値下げをしていると思い、さらに下げてくる可能性が大いにあります。その結果生じるのは、オークション的な値くぐり合戦です（図7）。

それよりも、大きな幅で価格を下げ、競合がさらなる値下げを逡巡するように仕向けるほうが戦略的だと筆者は考えます（図8）。

194

図7 価格競争の負けパターンと勝ちパターン

パターン1

- 先手 2000円の新商品発売
- 後手 既存商品を2000円 ➡ 1900円に値下げ
- 先手 2000円 ➡ 1850円に値下げ
- 後手 あともう一歩で勝てると思い、1800円に値下げ
- 先手 あともう一歩で勝てると思い、1750円に値下げ
- 後手 あともう一息で勝てると思い、1700円に値下げ

泥仕合

パターン2

- 先手 2000円の新商品発売
- 後手 既存商品を2000円 ➡ 1900円に値下げ
- 先手 競合がついてこられない価格である2000円 ➡ 1500円に値下げ
- 後手 ついていけないので、1900円で据え置き

泥仕合の回避

Point

値下げをする際は、競合に与えるインパクトを考えて、戦略的に下げ幅を決めよう

> CHAPTER 6　発売後の検証と修正のサイクルをつくる

競合は大きな幅で値下げした価格を再度値くぐるのは難しいですし、再対抗しても単に利益を逃がすことになるからです。

また、値下げを行うときは、消費者に対してきちんと理由を説明することが必要です。そうでないと高い旧価格で購買経験のある顧客の満足度が低下しますし、企業やブランドに対する信頼にもかかわってきます。

● 価格を維持するには？

競合が値下げしたときに、価格と満足度を維持するやり方は、様々です。

例えば、容量を上げる、1個目の購買価格は据え置きにして2個目以降の購買価格を下げる、購入者限定のマストバイやパッケージに特典をつけるベタ付けなどのプロモーションを行う、流通と協議してよりよい配荷や訴求条件を確保する、他社と結託してバンドル販売や共同プロモーションなど独自の価値を提供するなどの方法が考えられます。

これらは事前に準備しておくことも可能なので、競争の進み方によっては実施する可能性があるカードとして、発売時から計画に織り込んでしまうのも1つの手です。

● 時には競合の施策を放置することも必要

競合の値下げに対して放置するという選択肢もあります。

何度もお伝えしてきたように、ある商品が売れる要因は複数あります。そのうちの1つである価格で競合が優位に立ったからといって、安易に値下げしてしまったらすべての状況と評価軸の購買において利益性を下げることになってしまいます。

これでは大を切って小を助けるようなもの。そのような本末転倒な判断をすることがないように、企画者は商品を取り巻く全体を見ていなければならないのです。

図8 価格競争を回避する3つの方法

●競合が値下げしてきたときの対応

① 価格で対抗する（詳細は、194ページ参照）

¥2000 → ¥1500

② スペックをあげて価格を維持

1. 容量を増やす

350ml → 500ml

2. ××個目以降は値引き

100円 → 180円

3. プロモーション

ギフト券

購入者全員にギフト券プレゼント！

4. 配荷で訴求

全国で販売！

スタッフおすすめ！ POP

③ 放置

競合の対抗が一時的だと思われる場合

SUMMER SALE 80%OFF

対抗してきたのが、メインの競合ではない場合

ジュース
ノンアルコールビール

対抗したほうがコストがかかり利益が減る場合

利益 / コスト

Point 価格は、利益性に直結する大事な要素。状況を見極めて、本当に値下げする必要があるのかを考えよう

CHAPTER 6

> CHAPTER 6　発売後の検証と修正のサイクルをつくる

No.
04

［ターゲットの修正］

ターゲットの見直しで
ロングセラー商品をつくる

　本章の趣旨の「発売後の検証と修正のサイクルをつくる」という観点からいえば、ターゲットを見直すことは2つの意味をもちます。

- **当初の想定と違うセグメントに売れている場合、方針にあわせて企画者側の定義も変更する**
- **ターゲットの定義が時代遅れになっている場合、対応策を考える**

　前者については本章の1項と2項で説明しましたので、ここでは後者について考察しましょう。

　企業やブランドには寿命があるという考え方があります。一般的に語られるその理由は新規参入者や競合の技術革新などによる商品の陳腐化ですが、筆者は次の要素も関係していると考えます。

- **時代にあわなくなったターゲティング**
- **それに伴うブランド設計のズレ**
- **それに伴うマーケティング施策のズレ**

　つまり、商品企画段階の決めごとに固執するあまり、時代の変化を取り逃すことによる衰退もあるのではないかということです。

　特にペルソナの設定はブランドや商品の骨組み、そしてコミュニケーションターゲットの定義はコミュニケーション施策を考えるうえでのベースとなります。時代遅れとなったターゲティングは、きちんと修正しないとビジネスの終焉を招くことになりかねないのです。

図9 ブランドや商品が時代遅れになるとは?

●例：電通ハニカムモデル®

Ideal Customer Imageを基準にほかの要素を定義しているので、Ideal Customer Imageが時代にあっていないと、ほかもすべてあわなくなる

●ロングセラー商品をつくるための見直し方

❶ Ideal Customer Imageから修正をはじめて、全体を見直す

❷ 新しいハニカムモデルにあわせて、商品パッケージを見直す

❸ 新しいハニカムモデルにあわせて、マーケティング・コミュニケーションを見直す

 商品はリニューアルして何年も売れる可能性がある。ポッキー、カルピスなどのロングセラー商品のパッケージなどの歴史を勉強してみよう

> CHAPTER 6　発売後の検証と修正のサイクルをつくる

◉ 時代にあわせてペルソナをアップデートする

　ペルソナの設定は、誰に説明しても共通の人物が想起できるように、個人の暮らしぶりや価値観を描くので、時代の影響を強く受けます。

　例えば、贅沢を好むという人物の属性を考えてみましょう。

　これをややデフォルメ気味に時代ごとに書いてみると、例えば高度成長期とバブル期では次のように違いがあります。

高度成長期： 黒モノ、白モノの家電製品はいち早く買い、そして使う。電気料金は惜しまない。車と狭いながらも自宅を所有し、２年に一度家族とハワイ旅行にでかける

バブル期： 勤務先の交際費で高級ワインを夜な夜な開けている。車は年収１年分のローンで買ったドイツ車

　高度成長期の描写は、現代では贅沢というほどのことではないですし、バブル期の方が地に足がついていない浮かれた人という印象になるのではないかと思います。

　このようなターゲット設定を修正しないで、当時の商品のマーケティング施策を行えば、それはやはり時代にそぐわないものになり、ビジネスは衰退すると考えるのが自然です。

　そのような場合は、ペルソナ設定やバリュープロポジションの内容をレビューして、時代にあったものにアップデートしましょう。

　図10では、「贅沢」という時代によって差がでやすい概念を例にとって説明したのでこのような差異が浮き彫りになりますが、時代遅れ感がもっとでにくいターゲット上の属性や概念もあります。

　商品の命が長くなってきたら、時折企画時の内容の棚卸しと時代とのマッチングを検証してみましょう。

図10 ターゲットも年をとる

● 20年前のペルソナの例

港区の高級マンション在住	アロワナを飼っている
趣味は愛車のポルシェ（おそらく中古）で湾岸を走ること	彼女の髪型はワンレンで、服装はボディコン

現代にこのような人はほぼいないため、
このペルソナに向けたコミュニケーションは意味がない

Point 例ほどではなくても、ペルソナやコミュニケーションターゲットの設定が時代にあわなくなることはあり得る。その場合は見直しが必要

> CHAPTER 6　発売後の検証と修正のサイクルをつくる

No.
05
〔オンライン販売の増進〕

恒常的に自社サイトを改善する

● 自社サイトのデータ分析をする

　自社サイトのデータ分析をする際、Googleアナリティクスなど、Web上のユーザーの行動を追跡するツールを使えば、次のようなデータが得られます。

1. サイト訪問から購買確定の間で消費者が脱落しがちな場所
2. サイト上で消費者がみている場所とみていない場所

　これらはそのまま機会改善のアイデアになります。

　サイトの基本構成は、ログイン、商品選択、決済方法選択、配送です。直感的に利用しづらい段階があると、消費者は途中で買い物を止めてしまいます。

　この脱落を回避する方法が1と2の観察です。まずは、消費者が脱落することが多いページと、ページの中で次のステップに進みづらい要素を確認します。そして複数の改善案から一番効果的な案を選考します。例えば、改善前のページデザインと同時に改善案をランダムに表示させ、もっとも成績がよかったデザインを採択するのです（図11）。

　これを日常的に行っていけば、サイトは日々使いやすくなり、消費者の離脱も減った結果、売上も継続的に成長していくでしょう。

　とくに2のデータは、注目してほしい商品をページ上で目立つ場所に配置するのにも役立つので、必ずチェックしましょう。

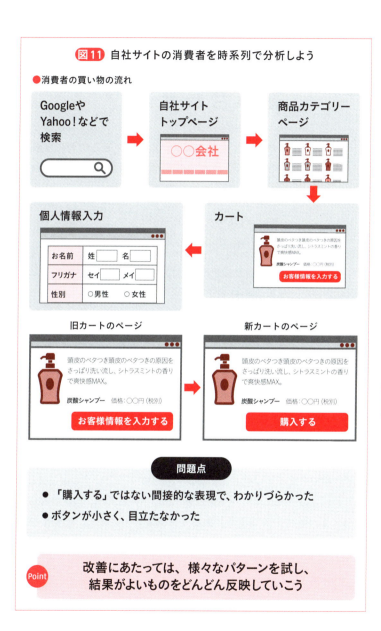

> CHAPTER 6　発売後の検証と修正のサイクルをつくる

No.

06

［購買分析］

リアルとデジタルを
組み合わせる

　リアル店頭での観察は、人手の問題から入手できる情報には限界がありますが、Web情報であればその制約は非常に小さくなります。しかし、デジタルだけに依存してはいけません。

● ビールと一緒に売るものは?

　販売データを分析し、「おむつを買った人は、一緒にビールを買う傾向がある」という購買意図を発見した米国の有名な話として「おつかいお父さん」があります（図11）。

　筆者もスーパーマーケットに勤務していたとき、商品の購買パターンでレシートを分類したことがあります。

　1枚のレシートをみると、買い物の内容や時間で、その意図や目的が大まかにわかります。であれば、コンピューターに1年分のレシートを読み込ませ、それを数理的にパターン化することにより、消費者の来店意図や動機を分類し、量的に把握できると考えたのです。

　その調査の結果わかったのは、同じブランドの飲料でもサイズが違えば代替性はなく、一見すると代替性がなさそうな機能性飲料と炭酸飲料でもサイズが同じであれば代替性があるということです。

　レシートのデータから得た発見を、立地や競合関係、顧客の来店手段などで分類した店舗特性とあわせて見ることにより、棚割や改装に活用しました。

　デジタルとリアルの分析方法を上手く組み合わせ、精度の高い気づきを獲得しましょう。

204

図12 リアルとデジタルを組み合わせた分析事例

●レシート分析事例

電話で奥さんに頼まれてベビー用品を車で買って帰る男性。ついでにビールも買っている様子

ビールとベビー用品の売り場を隣接させることにより、売上増加が期待できる。

 来店意図にあわせた商品の配置で、売上アップのチャンス！

おわりに

デジタル時代の基礎知識シリーズ「商品企画」はいかがでしたか？
期待通りの知識を得ることはできたでしょうか？
結びにあたり、2つのことを記します。

1点目。本文でもお気づきになったと思いますが、商品企画は線形のプロセスではありません。1つひとつを積み重ね、矛盾はないか、面白いかといった確認を行きつ戻りつ繰り返しながら進めていき、歪みや課題がでてきたら立ち止まって戻る作業です。場合によっては自分の過去の考えを修正・否定しなければならず、辛いこともままあります。しかし、そうした努力の積み重ねが、お客さまの支持を生むのです。どうか妥協しないで頑張ってください。

2点目。商品は生産され、店舗の棚に並んだらそれで終わりではありません。売れて、お客さまに支持され、再購入いただく……というループをつくり、大きな売上をつくることこそがゴールであり、真の喜びです。そのためには、商品の設計や企画だけではなく、広告宣伝などのコミュニケーション、販売促進、小売との協業など多くのことを、齟齬なく立案・実行しなければなりません。

これらのことが、あなたの職務の担当範囲外であったとしても、どうか目配りを欠かさないでください。広告宣伝チームと一緒に同席し、広告代理店にオリエンテーションしてみましょう。そうすればあなたが商品のよさを、直接コミュニケーションに反映できます。

営業チームと一緒に、小売店に商談に行くのもお勧めです。小売店を動かすのは投入するテレビCMの量だけではありません。

本書があなたの素晴らしい商品企画に少しでも役立ちますように。

Glossary | 用語集

ROI

Return On Investmentの略。投下した資本がどれだけの利益を生んでいるのかを測る際に使われる基本的な指標。企業の収益力や事業における投下資本の運用効率を示す。ROIは大きいほど収益性に優れた投資案件ということになる。

AISAS

Attention（注意）→ Interest（関心）→ Search（検索）→ Action（行動）→ Share（情報共有）の頭文字を取ったもので、インターネット普及後の時代の消費者による購買行動を説明するモデル。

AIDMA

Attention（注意）→ Interest（関心）→ Desire（欲求）→ Memory（記憶）→ Action（行動）の頭文字をとったもので、消費者が商品の認知から購買に至るまでのプロセスモデル。

アップセル

「ある商品の購入を検討している顧客」に対して「価格や利益率がワンランク上の製品を提案」することで売上向上を目指すこと。

インサイト

消費者の心にある、購買の理由になるような、嗜好や考え、想い。

インフルエンサー

世間に大きな影響力を持つ人や事物。特に、インターネットの消費者発信型メディア（CGM）において、ほかの消費者の購買意思決定に影響を与えるキーパーソンを指す。

SNS

Social Networking Serviceの略。ユーザーが互いに自分の趣味、好み、友人、社会生活などのことを公開し合い、幅広いコミュニケーションを取り合うことを目的としたコミュニティ型のWebサイトのこと。

エスノグラフィー調査

もともとは人類学者が各文化の行動様式を解析し、異民族を理解するためのアプローチのこと。近年ではビジネス領域への採用により、「生活者」の日常行動を包括的に知ることで、潜在的な価値や欲求を見出す発見型の手法として注目されている。

FGI

フォーカスグループインタビュー。年齢、価値観など共通点のある顧客を一箇所に集め、その集団に対して商品、ブランドに関する評価を調査すること。

LTV

Life Time Value（顧客生涯価値）の略。顧客が取引を開始してから終了するまでの間、その顧客がもたらした損益を累計したもの。顧客シェアを計測する指標として考案された。

エンゲージメント

企業や商品、ブランドなどに対して生活者が抱く愛着心や親近感。企業と従業員の相互の深い結びつきを指すこともある。

OwnedMedia

企業が情報発信に用いる媒体（メディア）のうち、自社で保有し運営・管理している媒体のこと。

O2O

Online to Offlineの略。インターネット上で働きかけて、実際の行動を促す施策。オンラインクーポンの配信や、位置情報を利用したチェックインなどの方法がある。

オムニチャネル

流通・小売業の戦略の1つで、実店舗、通販カタログ、ダイレクトメール、オンライン店舗（ECサイト）、モバイルサイト、SNS、コールセンターなど、複数の販売経路や顧客接点を有機的に連携させ、顧客の利便性を高めたり、多様な購買機会を創出すること。元は流通・小売業から始まったが、メーカーやサービス業などにも広まりつつある。

価格弾力性

需要と価格の関係を図示したもの。

カスタマージャーニー

一言でいうと「顧客が購入に至るプロセス」のこと。特に、顧客がどのように商品やブランドと接点を持って認知し、関心を持ち、購入意欲を喚起されて購買や登録などに至るのかという道筋を旅に例え、顧客の行動や心理を時系列的に可視化したものを

「カスタマージャーニーマップ」と呼ぶ。

カスタマーデシジョンツリー

あるカテゴリーの中で、ある商品が、どのような順番で評価され、選好されるかを図示したフローチャート。

カニバリゼーション

自社内の複数の商品の間で、売上を食い合うこと。

機能的便益

商品やブランドの仕様、性能により消費者に提供される便益のこと。

協調フィルタリング

ECサイトなどで、顧客にリコメンデーションをする際の仕組み。

口コミ

バズに準じる。

コミュニケーションターゲット

ターゲットのうち、PR、広告などの対象とする人々。商品特性とライフスタイルや価値観があっており、好んで商品を買ってくれると思われる人々。

コンセプト

商品、ブランドとペルソナの関係性をアナロジーで表したもの。

三大欲求

人が持つもっとも基礎的な3つの欲求。食欲、性欲、睡眠欲。

CRM

Customer Relationship Managementの略。主に情報システムを用いて顧客の属性や接触履歴を記録・管理し、それぞれの顧客に応じたきめ細かい対応を行うことで長期的な良好な関係を築き、顧客満足度を向上させる取り組み。また、そのために利用される情報システムのこと。

CLT

セントラルロケーションテスト。一箇所に被験者を集め、新製品などの受容性、評価などを調査すること。

SIPS

「共感する（Sympathize）」→「確認する（Identify）」→「参加する（Participate）」→「共有＆拡散する（Share & Spread）」の頭文字をとったもの。企業のコミュニケーション・プランニングなどにおいて、ソーシャルメディアを積極的に利用している

生活者を考える上での概念。

情緒的便益

商品やブランドを使用することにより消費者にもたらされる感覚や価値のこと。

シンボル

ロゴ、タグライン、ブランドカラー、サウンドロゴなど、ブランドを想起させる意匠のこと。

ステークホルダー

企業などが活動するうえで何らかのかかわりを持つ人物や団体などのこと。直接的には株主や債権者、従業員、取引先、顧客、監督官庁などを指すが、事業内容などによっては地域住民や国民、投資家など広い範囲が対象に含まれる場合もある。

セグメント

人をライフスタイル、価値観などの基準で分類した際の1つのグループ。

相関分析

2変数間の関係を数値で記述する分析方法。大別すると間隔尺度・比率尺度のデータに対して行うピアソンの積率相関分析と、順序尺度のデータに対して行うスピアマンの順位相関分析の2つがある。2変数間に、どのくらい直線的な関係があるかを数値で表す分析。

ソーシャルメディア

インターネット上で展開される情報メディアのあり方で、個人による情報発信や個人間のコミュニケーション、人の結び付きを利用した情報流通などといった社会的な要素を含んだメディアのこと。利用者の発信した情報や利用者間のつながりによってコンテンツをつくりだす要素を持ったWebサイトやネットサービスなどを総称する用語。

ソーシャルリスニング

ソーシャルメディア上で人々が日常的に語っている会話や、自然な行動に関するデータを収集し、業界動向の把握やトレンド予測、自社・ブランド・商品に対する評価・評判の理解や改善に活かすこと。

ターゲット

ブランド、商品、サービスを開発・販売するときに対象とする人。

代替性

ある商品が、別のある商品の代わりになるえる可能性。

ダイレクトマーケティング

顧客と個別・直接的な双方向コミュニケーションを行い、相手の反応を測定しながら、ニーズや嗜好に合わせて顧客本位のプロモーションを展開していくマーケティング方法。データベースマーケティング、インターネットマーケティング、CRM（顧客関係管理）、One to Oneマーケティングなど、今日でも重視されるマーケティング手法のベースとなっている。

DM

個人あるいは法人宛に商品案内やカタログを送付する方法による宣伝（販促）手段、あるいは営業支援の仕組み。

チャネル

マーケティングの世界で使われる場合は、顧客につながる経路のこと。流通網やコミュニケーション手段など、あらゆる経路を指す。

ディスプレイ広告

Web広告の形式の一種で、Webページの一部として埋め込まれて表示される、画像やFlash、動画などによる広告。画面上部などに表示される横長の画像広告を特に「バナー広告」という。

定性調査

数値化が不可能な文章や画像、音声などの形式の情報で調査・分析する方法。

定性データ

数値化が不可能な文章や画像、音声などの形式をとるデータのこと。定性情報とも呼ぶ。例えば、顧客の生の声などが挙げられる。

定量調査

選択肢回答形式のアンケート調査などで取得したデータを数値化して分析する手法。数値化された情報がもとになるため、全体の構造や傾向が把握しやすい。

データベースマーケティング

顧客の属性や過去の購買傾向をデータベースに記録して区分し、それぞれの顧客に合ったサービスを提供するマーケティング手法。顧客情報を登録したデータベースの構築と、その分析の2つの段階からなる。

データマイニング

データベースに蓄積されている大量のデータから、統計や決定木などを駆使して、マーケティングに必要な傾向やパターンなどの隠された規則性、関係性、仮説を導き出す手法のこと。

テキストマイニング

定型化されていない文章の集まりを自然言語解析の手法を使って単語やフレーズに分割し、それらの出現頻度や相関関係を分析して有用な情報を抽出すること。

DECAX

消費者がブランドや商品との関係を深めていくプロセスをモデル化したものの1つ。Discovery、Engage、Check、Action、Experienceの頭文字をとったもの。

デプスインタビュー

1人の消費者にインタビュアーが相対し、ブランドや商品について深く尋ね、商品と消費者のかかわりやインサイトを獲得する調査手法。定性調査の一種。

デモグラフィック属性

人口統計学的な特徴を表す情報・データ。例えば、性別、年齢、未既婚、家族構成、世帯収入、個人収入、職業など。

トラッキング

アクセス解析をするためサイトへの訪問者の情報を取得すること。Googleアナリティクスの場合は、訪問者がどこからきたのか、どのような検索キーワードを使ったのか、どのようなOSやブラウザを使っているのかという情報に加え、サイト内でどのページからどのページに移動し、最終的にどのページからでたのかまでが追跡できるようになっている。

トラフィック

Web関連で用いる場合は、サーバやサイトへの外部からの接続要求数、アクセス数、送信データ量などのこと。サイトやページの間を行き来する閲覧者の流れを指すこともある。ITや通信の分野では、通信回線やネットワーク上で送受信される信号やデータや、その量や密度を意味することが多い。

トランザクション

ECサイトにおける商品購入回数。eコマース設定とeコマースタグが実装されていることにより、計測できる。ECサイトだけでなく、複数のアイテムを保有するサイト（求人サイト、不動産サイトなど）の同一セッション内で何度も購入をしてもすべてのデータを記録するため、コンバージョンよりも正確な商品購入数を計測できる。なお、同一セッション内で何度も購入しても1回のコンバージョンとして計測される。

ハッシュタグ

#記号と、半角英数字で構成される文字列のことを

Twitter上ではハッシュタグと呼ぶ。発言内に「#○
○」と入れて投稿すると、その記号付きの発言が検
索画面などで一覧できるようになり、同じイベント
の参加者や、同じ経験、同じ興味を持つ人の様々な
意見が閲覧しやすくなる。

バナー

もともとは垂れ幕を意味し、Webサイト上に表示さ
れる広告画像のこと。駆け出しWebデザイナーはこ
のバナー画像制作の仕事を任せられることが多いら
しい。バナーのサイズは様々で、Googleアドセンス
の推奨するサイズに合わせるのが一般的。

バリュープロポジション

商品やサービスについて、顧客にどのような価値を
提供するかという定義。USPがターゲット顧客にも
たらす便益のこと。

PDCA

業務プロセスの管理手法の1つで、計画（Plan）→
実行（Do）→評価（Check）→改善（Act）という
4段階の活動を繰り返し行うことで、継続的にプロ
セスを改善していく手法。

PR

TV番組や新聞記事など、メディア発信のコンテンツ
として自社商品やブランドが取り上げてもらえるよ
うに働きかける施策。メディアに対する働きかけは、
通常プレスリリースの発信や記者会見といったかた
ちで行われる。

PSM分析

ある商品について、どのような価格がどのような印
象（高すぎる、高くはないなど）を与えるかを定量
的に図示するためのツール。

PV

Page Viewの略。もっとも基本的なアクセス数の指
標の1つで、Webページが閲覧された回数を表す。
静的な構成のWebサイトではHTMLファイルの送
信数にほぼ等しい。

ビッグデータ

通常のソフトウェアでは分析できないほど膨大な
データ。ビッグデータの定義として有名なものに、
量（Volume）、発生頻度（Velocity）、多様性
（Variety）が揃っているという「3V」がある。

フォーカスグループ

マーケティングリサーチでグループインタビューを
する際に集められたグループ。一定の条件を満たす
ように選別されている。
→FGI参照。

フォロワー

Twitterをはじめとするソーシャルサービスにおい
て、特定のユーザーの更新状況を手軽に把握できる
機能設定を利用し、その人の活動を追っている者の
こと。

プラットフォーム

あるソフトウェアやハードウェアを動作させるため
に必要な、基盤となるハードウェアやOS、ミドル
ウェアなどのこと。また、それらの組み合わせや設
定、環境などの総体を指すこともある。

ブランド

消費者の心の中にある商品、サービス、企業などに
関するイメージや属性の総体。

ブランド価値規定

ブランドのあるべき姿を定義したもの。通常は電通
が提唱している「電通ハニカムモデル®」などのフ
レームワークを使用する。

フリークエンシー

媒体の閲覧者が広告に接する頻度のこと。ある期間
内に、同じ人物が同じ広告を見る回数を表す。

ブレインストーミング

数名ごとのチーム内で、1つのテーマに対しお互い
に意見を出し合うことによってたくさんのアイデア
を生産し、問題の解決に結び付ける創造性開発技法
のこと。

フレームワーク

マズローの欲求5段階説や電通ハニカムモデル®の
ように、何かを要素分解し、構造を図示したもの。

プレトタイプ

プロトタイプを製作することなく、オンラインで実
験販売を行い、顧客の反応や市場性をみること。

プロトタイプ

あらゆる試作品のこと。

プロモーションターゲット

ほかのみんなが買っているから、安くなっているか
ら、お得だからといった理由で、商品を買ってくれ
る人々。

ベースオブオーソリティ

あるブランドを消費者が信頼し、使用するに足る根
拠。通常はその企業の歴史や規模、製造基準、守っ
ている規範などが記述される。

ベネフィット

商品やブランドが顧客に提供する便益のこと。

ペルソナ

企業が提供する製品やサービスにとって、もっとも重要で象徴的なユーザーモデル。氏名、年齢、性別、居住地、職業、勤務先、年収、家族構成といった定量的なデータだけではなく、その人の生い立ちから現在までの様子、身体的特徴、性格的特徴、人生のゴール、ライフスタイル、価値観、趣味嗜好、消費行動や情報収集行動などの定性的データを含めて、あたかも実在するかのような人物像を設定する。

パーソナリティ

「商品やブランドを擬人化して考えたらどのような性格か？」ということをあらわしたもの。ターゲットとブランド・商品の関係の基礎になる。

バイアス

合理的な意思決定や判断を妨げる、人間の性質としての思い込み。例えば、同じ金額であれば利得よりも損失を重視してしまう（損失回避バイアス）など。

バズ

広告やPRなどのコミュニケーションの結果、消費者がブランドや商品について話題にすること。

パネル調査

調査会社が保有している回答者の集団を対象に調査を行うこと。

補完性

ある商品が別のある商品と組み合わさって、補完的に顧客の問題を解決すること。

ポジショニング

競合している商品、ブランド、事業者の間での位置付け。通常は評価基準となる2項目をマトリクスにしたポジショニングマップで示す。

POP

Point of Purchase の略。店頭で使用するコミュニケーションツール。値札、カテゴリーサインなど多種多様。

マーケティング

商品、サービスを企画開発し、消費者に知らせ、販売を最大化していくすべてのプロセス。

マズローの欲求5段階説

人の欲求を、基本的なものから、生存、安全、社会的、承認、自己実現の五階層に分ける考え方。

メディア

コミュニケーションの内容があらわれる媒体。TVや新聞、スマホやPC上のFacebookなどが1つひとつのメディアの例。

メンタルアカウンティング

自分の財布の中身を、あたかも用途やカテゴリーに応じて分け、それぞれの小分けの中で使う額を決めるような心理的作用。

モックアップ

試作品のうち実物のように高い精度のもののこと。

見込み客

ある製品を買う可能性のある人（法人）を指す。その意味で、見込み客とは、ターゲットとして選定した顧客層を具体的な人や法人へと落としこんだものであるといえる。

USP

ユニークセリングプロポジションの略。「その商品がもつほかのことと比べてもっとも際立ったことは何か？」ということをあらわしたもの。

UX

User Experience の略。ある商品やサービスを利用したり、消費するときに得られる体験の総体。個別の機能や使いやすさのみならず、ユーザーが真にやりたいことを楽しく、心地よく実現できるかどうかを重視した、一連の操作から得られる体験の総体を意味する概念。

ライフスタイル

消費者の価値観や経済水準を反映した生活の様式。

リードタイム

発注から納品までに必要な時間。開発リードタイム、調達リードタイム、生産リードタイム、配送リードタイムに分解される。オペレーション品質を測定する4つの指標（スピード、正確性、コスト、継続性）のうちスピードを測るうえでの指標として使われる。

リファレンスポイント

商品などを購入する際、選択基準とするポイント。通常、人は絶対的な判断基準を持ち合わせておらず、何かと比べて判断する。

One-to-One マーケティング

企業がマーケティング活動を行っていく際に、顧客1人ひとりの趣向や属性などをもととしたうえで、顧客に対して個別にマーケティングを行っていくという方法。

Index | 索引

【英数字】

AB テスト	160
AIDMA	020
AISAS	020
Amazon	088
Base of Authority	122
CLT 調査	154
Core Value	122
DECAX	020
Emotional Benefit	122
Functional Benefit	122
Google アナリティクス	202
Ideal Customer Image	122
Personality	122
POP	170, 176
PSM 分析	136, 164
SIPS	020
SNS	090
Symbol	122
Twitter	090
Web サイト	176
Web 動画広告	029

【あ】

アイデア	048, 050, 096, 106
アイデアに肉づけ	106
イノベーション型	016
インサイト	014, 094, 102
インサイト型	016
インパクト	136
売れる企画	003, 014, 036
オリエンテーションシート	148

【か】

開発	148
価格	136, 164, 184, 194
価格弾力性曲線	164
カスタマーデシジョンツリー	130
カニバリゼーション	144
観察機会	020
観察場所	100
企画	050
帰属への衝動	035
機能	046, 118
競合	046, 050, 078, 108, 184, 194
競合のコミュニケーション	186
競合の戦略	184
協調フィルタリング	088
グリーン車	094, 096, 107, 108, 116, 124
グリーン車のインサイト	094, 096
グループインタビュー	076
購買目的（購買理由）	046, 082, 134
コスト	042
コミュニケーションターゲット	062, 106, 198
コンセプト	080, 092, 098, 112, 120, 124

【さ】

最高価格	137, 138, 165
最低価格	137, 138, 165
最適価格	137, 138, 165
差別化	038, 078, 106, 132, 142
自己強化への衝動	035
試作品（プロトタイプ）	150
試作品（モックアップ）	152
自社サイト	202
市場性	054
時代遅れとなったターゲティング	198

初期投資 ………………………………… 058
新商品 …………………………………… 096, 144

【た】
ターゲット ………………………… 054, 060, 198
ターゲットの検証 ……………………… 106
代替されやすい商品の企画者 ……… 040
代替性 …………………………… 038, 130
妥協価格 ………………………… 137, 165
チェーン店 ……………………………… 178
知覚品質への衝動 …………………… 035
チャネル ……………………………… 020
調査 ……………………………………… 068
調査対象者を確保する方法 ………… 074
調査の手法 …………………………… 074
陳列 ………………… 170, 174, 178, 180
データ分析 …………… 104, 160, 202
デジタル商品 …………………… 026, 056
テストマーケット …………………… 154
テストマーケティング ………… 146, 154
デブスインタビュー ………………… 076
テレビCM ………… 029, 171, 178, 186
電通ハニカムモデル® ………………… 122, 199
店頭での観察 ………………………… 082

【な】
ニーズ ………………………… 032, 144
ネーミング …………………………… 124
値下げ ………………………………… 194

【は】
バイアス ………………………… 142, 146
パッケージ …………………………… 180
バリュープロポジション
……………………… 052, 080, 120, 128
販促設計 ……………………………… 020
販売データ ……………………… 086, 204
ビジネスケース ……………………… 148

フォーカス強化戦略 …………………… 190
プラットフォーム ………… 026, 029, 090
ブランド ……………… 036, 126, 128, 198
プレトタイピング ………………… 156, 160
プロモーション ………………………… 184
プロモーションターゲット ……… 062, 106
平成のキッチン三種の神器 ………… 032
ペルソナ ………… 046, 056, 060, 106, 198
便利さへの衝動 ……………………… 035
ポジショニングマップ …………… 052, 080

【ま】
マーケティング・コミュニケーション
……………………………… 062, 186
マーケティング施策 ………………… 170
マーケティング費 …………………… 054
マズローの欲求5段階説 ……………… 036
メディア ……………………………… 022
メンタルアカウンティング …………… 110
目標設定 ……………………………… 055
モデレーター ………………………… 076

【や】
ユーザー調査 ………………… 070, 082, 100
ユーザーの視線の動き ……………… 082
予算 ………………………… 054, 066, 150

【ら】
リスティング広告 …………………… 108
リテーラー …………………………… 086
リニューアル商品 …………………… 096
リファレンスポイント ……………… 164
リポジション戦略 …………………… 190
流通 …………………………………… 170
利用環境の観察 ……………………… 100
レシートのデータ …………………… 204

本書内容に関するお問い合わせについて

このたびは翔泳社の書籍をお買い上げいただき、誠にありがとうございます。弊社では、読者の皆様からのお問い合わせに適切に対応させていただくため、以下のガイドラインへのご協力をお願い致しております。下記項目をお読みいただき、手順に従ってお問い合わせください。

●ご質問される前に

弊社Webサイトの「正誤表」をご参照ください。これまでに判明した正誤や追加情報を掲載しています。

正誤表　https://www.shoeisha.co.jp/book/errata/

●ご質問方法

弊社Webサイトの「刊行物Q&A」をご利用ください。

刊行物Q&A　https://www.shoeisha.co.jp/book/qa/

インターネットをご利用でない場合は、FAXまたは郵便にて、下記"翔泳社 愛読者サービスセンター"までお問い合わせください。
電話でのご質問は、お受けしておりません。

●回答について

回答は、ご質問いただいた手段によってご返事申し上げます。ご質問の内容によっては、回答に数日ないしはそれ以上の期間を要する場合があります。

●ご質問に際してのご注意

本書の対象を越えるもの、記述個所を特定されないもの、また読者固有の環境に起因するご質問等にはお答えできませんので、予めご了承ください。

●郵便物送付先およびFAX番号

送付先住所　〒160-0006　東京都新宿区舟町5
FAX番号　　03-5362-3818
宛先　　　　(株)翔泳社 愛読者サービスセンター

※本書に記載されたURL等は予告なく変更される場合があります。
※本書の出版にあたっては正確な記述につとめましたが、著者や出版社などのいずれも、本書の内容に対してなんらかの保証をするものではなく、内容やサンプルに基づくいかなる運用結果に関してもいっさいの責任を負いません。
※本書に記載された内容はすべて著者の個人的な見解に基づいたものであり、特定の機関、組織、グループの意見を反映したものではありません。また、本書に掲載されている情報の利用によっていかなる損害が発生したとしても、著者並びに出版社は責任を負いません。
※本書の内容は、2018年7月15日現在の情報にもとづいています。
※本書では™、®、©は割愛しています。

著者略歴

富永 朋信 (とみなが・とものぶ)
プロフェッショナル・マーケター

1992年大学卒業後、コダック社に入社。以降、日本コカ・コーラ、西友などマーケティング関連職務を7社で経験。ソラーレホテルズアンドリゾーツ、西友、ドミノ・ピザ ジャパンでは、CMOに任命される。

日本コカ・コーラではiモードでコカ・コーラが買える自販機システム「Cmode」の立ち上げを担当した。西友ではKY（カカクヤスク）キャンペーンなど同社のイメージを一変させるキャンペーンを連発。さらに、同社で「みなさまのお墨付き」などを考案し、プライベートブランドを一新した。

ドミノ・ピザ ジャパンでは、すき焼きをフィーチャーしたスキヤキング、チーズのボリュームに眼を見張るウルトラ盛などの商品を企画したほか、トナカイデリバリーや世の中のありとあらゆるクーポンと引き換えに値引きを提供する大掃除クーポンなどユニークな施策も企画した。

座右の銘はいろいろあるが、今のお気に入りは「鏡を信じるな」。

（略歴は、2018年7月30日現在のものです）

◉ 会員特典データのご案内

商品企画の参考になる特典を差し上げています。会員特典データは、以下のサイトからダウンロードして入手いただけます。

▼提供サイト
https://www.shoeisha.co.jp/book/present/9784798156866

※会員特典データのダウンロードには、SHOEISHA iD（翔泳社が運営する無料の会員制度）への会員登録が必要です。詳しくは、Webサイトをご覧ください。

※会員特典データに関する権利は著者および株式会社翔泳社が所有しています。許可なく配布したり、Webサイトに転載したりすることはできません。

※会員特典データの提供は予告なく終了することがあります。あらかじめご了承ください。

装丁・本文デザイン	植竹 裕（UeDESIGN）
DTP	有限会社ケイズプロダクション

デジタル時代の基礎知識
『商品企画』

「インサイト」で多様化するニーズに届ける新しいルール

（MarkeZine BOOKS）

2018年8月29日　初版第1刷発行

著者	富永 朋信
発行人	佐々木 幹夫
発行所	株式会社 翔泳社（https://www.shoeisha.co.jp/）
印刷・製本	日経印刷 株式会社

©2018 Tomonobu Tominaga

本書は著作権法上の保護を受けています。本書の一部または全部について（ソフトウェアおよびプログラムを含む）、株式会社 翔泳社から文書による許諾を得ずに、いかなる方法においても無断で複写、複製することは禁じられています。

本書へのお問い合わせについては、214ページに記載の内容をお読みください。

落丁・乱丁はお取り替えいたします。03-5362-3705までご連絡ください。

ISBN 978-4-7981-5686-6　　　　　　　　　　　　　　Printed in Japan